대한웰다잉협회 엔딩플랜사업부

옴니버스 자서전 두 번째 시리즈

감사로 엮은 16명의 기록
보통 사람들의 특별한 이야기

혼자 하면 꿈이지만
함께 하면 현실이 됩니다.

감사로 엮은 16편의 기록

보통 사람들의 특별한 이야기

나순희, 양윤하, 김영선, 공요환, 김은정, 최일선, 임갑수, 문선화,
이현정, 전진영, 최웅열, 이현정, 한애경, 김신주, 추재환, 오일록

Well Dying(아름다운 마무리), Well Living(아름다운 삶)

  Well Dying은 평생교육이며, 이 교육을 통해 생명의 존엄성을 깨닫고 삶의 질을 최대화하고 풍성한 삶을 살도록 돕기 위해 대한웰다잉협회는 노력하고 있습니다.

대한웰다잉협회 엔딩플랜 사업 소개

엔딩플랜 4대 핵심사업

생전 이별식

살아 있을 때 직접 사랑과 감사를 전하며 후회를 남기지 않도록, 눈물 대신 웃음과 추억으로 가득한 당신만의 특별한 축제를 기획하고 연출합니다.

자서전 제작 (영상, 전자, 지필)

전문 작가와 감독이 깊이 있는 인터뷰로 당신의 삶을 한편의 영화나 책으로 기록하여, 후대에 전할 가장 가치있는 정신적 유산으로 만들어 드립니다.

나의 이야기로 완성되는 삶

시그니처 장례

획일적인 장례를 벗어나 고인의 취향과 삶의 철학을 공간과 절차에 담아냅니다. 세상에 단 하나뿐인 가장 고인다운 마지막 순간을 위한 맞춤형 추모 디자인입니다.

노블레스 멤버십

경제, 건강, 정서 등 5대 핵심 영역에 대해 전문가가 1:1로 함께합니다. 존엄한 노년을 체계적으로 미리 준비하는 프리미엄 라이프 컨설팅입니다.

지은이 소개

- **나순희**: 대한 웰다잉협회 전북지부장, 웰다잉전문강사, 방과후강사
- **양윤하**: 교사, 시인, 수필가
- **김영선**: 영상제작소 청운 대표, 대한웰다잉협회 웰다잉전문강사
- **공요환**: 엔딩플랜 사업본부장, 대한웰다잉협회 총무이사
- **김은정**: 인권센터 연구원, 대한웰다잉협회 엔딩플랜 상담사
- **최일선**: 대한웰다잉협회 전문강사, 광주전남지부 광산지회장
- **임갑수**: 국가유공자, 웰다잉지도사, 노인통합교육지도사, 청도온누리복지관 외 다수 기관 재능기부강사
- **문선화**: 희망이룸 대표, 대한웰다잉협회전문강사, 자서전출판지도사
- **이현정**: 대한웰다잉협회 서울지부장, 웰다잉 전문강사
- **전진영**: 방송작가, 대한웰다잉협회 전문강사
- **최웅열**: 대한웰다잉협회 전문강사, 독서토론 진행자, 서예가
- **이현정**: 보건복지부 사회복지정책 상담사, 대한웰다잉협회 전문강사
- **한애경**: 대한웰다잉협회 서울지부송파지회장, 한국기술교육대학교 명예교수, 대한웰다잉협회 전문강사
- **김신주**: 점촌노인복지센터(명택)대표, 대한웰다잉협회 엔딩플랜 상담사
- **추재환**: 충남미술협회 초대작가, 대한웰다잉협회 전문강사, 사전연명의료의향서상담사
- **오일록**: 호남신학대학교 사회복지상담심리학과 겸임교수, 초록나무심리상담센터 대표

프롤로그

‖ 우리 모두의 이야기 ‖

이 책은 한 사람의 이야기가 아닙니다. 우리 주변의 평범한 사람들이 살아오면서 만난 소중한 인연들에 관한 이야기입니다.

누구나 인생을 돌아보면 잊을 수 없는 사람들이 있습니다. 어려울 때 손을 내밀어준 사람, 새로운 길을 제시해 준 사람, 무조건적으로 믿어준 사람, 때로는 단 한 마디 말로 우리의 생각을 바꿔놓은 사람들. 그들은 스승일 수도 있고, 가족일 수도 있으며, 친구나 동료, 심지어 스쳐 지나간 낯선 이일 수도 있습니다.

이 책에는 그런 만남이 담겨 있습니다. 각기 다른 배경과 상황에서 살아온 사람들이 자신의 인생에 깊은 영향을 미친 이들에 대해 진솔하게 들려주는 이야기들입니다. 어떤 이야기는 눈물을 자아내고, 어떤 이야기는 따뜻한 미소를 짓게 하며, 어떤 이야기는 깊은 성찰을 하게 만들 것입니다.

우리는 모두 누군가의 도움으로 오늘에 이르렀습니다. 동시에 누군가에게는 도움이 되는 존재였을 것입니다. 이 책을 읽으며 여러분도 자신만의 소중한 인연들을 떠올려 보시기 바랍니다. 그리고 아직 전하지 못한 감사의 마음이 있다면 이 기회에 용기를 내어보시기를 바랍니다.

  무엇보다 이 책이 사람과 사람 사이의 따뜻한 마음과 진심 어린 관심이야말로 세상을 움직이는 가장 큰 힘이라는 것을 우리 모두에게 상기시켜 주기를 간절히 바랍니다.

대한웰다잉협회 엔딩플랜사업부 이사 공요환

목 차

프롤로그   - 8
목차   - 10

01 나순희

아버지에게서 배운 인생의 품격 / 13

02 양윤하

내사랑 미순언니 / 27

03 김영선

나룻배와 사다리와 바람 / 39

04 공요환

오늘의 나를 만든 어제의 당신 / 55

05 김은정

둘째인데 첫째처럼 / 79

06 최일선

나를 품어준 공간과 사람들 / 99

07 임갑수

매서웠던 바람은 산들바람이 되고/ 119

08 문선화

고마움, 그 따뜻한 발자취/ 145

09 이현정

덕분입니다 / 159

10 전진영

불꽃의 파편, 다시 사는 인생 / 173

11 최웅열

당신 덕분에 내가 살았습니다 / 189

12 이현정
그해 여름, 당신이 남긴 선물 / 203

13 한애경
그때, 그 분들 / 225

14 김신주
그녀의 울타리 안은 참 따뜻했다 / 243

15 추재환
삶의 빈 칸, 한 뼘씩 채워 주신 사랑 / 257

16 오일록
내 인생은 해피엔딩~ / 277

에필로그 - 296

1장

아버지에게서 배운 인생의 품격

나순희 지음

나순희

□ **소개**
1. 무지개음악학원 원장
2. 음악프로그램 학교 방과후 강사
3. 대한웰다잉 전문 강사
4. 대한웰다잉 전북지부장
4. 사전 연명 의료 의향서 상담사
5. 전북특별자치도 새마을문고 회장
6. 노인통합지도사
7. 실버인지놀이 지도사

□ **공저**
1. 모양수필(대한 books,2016)
2. 모두가 다 꽃이야(대한웰다잉협회,2021)

□ **연락처**
이메일: mujigai34@hanmail.net

아버지에게서 배운 인생의 품격

✦ ✦ ✦ ✦ ✦

1. 홈스쿨을 시작한 아버지

나의 오래된 추억 속에는 언제나 아버지가 중심에 계신다. 곧 사그라져 버릴 것 같은 막둥이를 건강하게 하시려 아버지는 늘 나와 동행하셨다. 건강이 온전치 못한 나를 위하여 입학해야 하는 데 안 보내시고 홈스쿨을 하셨다. 학교에서 선생님이 찾아오셔서 "어르신, 따님을 학교에 입학시켜야 합니다." 해도 "남의 귀한 자식 건강 망가지면 선생이 책임질 것이요?" 하고 호통을 쳐서 돌려보내셨던 기억이 되살아난다.

엄동설한이 지나고 아지랑이가 춤추는 봄날이 오면 아버지의 준비된 행사가 시작된다. 주관자는 아버지이고 참여 대상자는 막둥이. 기간은 3월부터 5월까지이다. 행사 장소는 마을 뒤에 있는 봉덕산 일대이다.

아버지는 나의 이름을 돌아가실 때까지 별로 부르신 적이 없는 것 같다. 그래서 나도 막둥이로 명명하고자 한다. 행사가 시작되면 "막둥아 산에 놀러 가자" 어김없이 나는 무조건 "응"이었다. 아버지가 좋아서 아버지 말에는 거역이 없었다.

(산을 찾을 때마다 생각나는 아버지)

"막둥아 여기 봉덕산자락에서 훌륭한 인물이 나올 거야"

"우리 막둥이가 크면 나라님도 여자가 할 수도 있고 장관님도 여자가 할 수 있을 거야."

"그때는 한양도 하루에 왔다 갔다 할 것인데 우리 막둥이가 커서 그렇게 될 때까지 내가 살아야 할 텐데...."

아버지의 18번 레퍼토리는 봄이 가도록 오르내리는 길에 열 번은 더 하시는 말씀이었다. 그리고 아주 세뇌하시는 말씀이 있었는데 사람은 땅의 기운을 받고 살아야 건강하다는 것이었다. 그래서 봄만 되면 어린 딸 손을 잡고 그렇게 산을 오르내리셨나 보다. 꿈을 키우기 위하여 귀에 딱지가 생길 정도로 인지시켰나 보다.

2. 가족을 위한 아버지의 일

가족을 돌보시는 아버지의 일과는 소를 몰고 밭으로, 또 논으로 쟁기질하러 가시는 것이었다. 동네의 논밭이 직장이고 귀중한 일이셨다. 우리 집의 일을 시작으로 동네일을 거의 맡으시는 집안의 어르신이요, 동네의 어르신 이셨다. 아버지가 일을 가시는 곳에 나는 항상 따라 나섰다.

황소의 풍경소리가 들리면 아버지가 필경 논 갈러 가시려고 채비하시는 것 같아 부랴부랴 일어나서 옷가지를 대충 주워 입고 맨발로 따라나설 준비를 하게 된다. 앞질러 가려는 딸을 바라보시며

"막둥아, 논에 가면 뱀이 나오니 집에서 놀고 있어라."

"싫어. 아빠 옆에 가만히 있으면 되지."

울음의 추임새가 섞인 대답을 들으시고는 결국 딸을 데리고 길을 나서신다.

다랑논 두 개 정도 쟁기질하시고는 기력이 떨어지시는지 "워워 이랴 이랴" 하고 딸에게 심부름 보내신다. 여덟 살 딸이 힘에 부치지 않을 정도로 막걸리 대여섯 잔 담아주는 가게로 보내신다.

한 손에 주전자 또 한 손에 안주를 들고 낑낑대다가 길가에 앉아 주전자 주둥이에 입을 맞추기 시작한다. 그렇게 한 모금씩 먹은 막걸리에 취하여 힘든 것 같은 딸을 마중 오신다.

그리고 소를 쉬게 하시고 주전자 뚜껑을 열어보시고는 "허허 막둥아 오늘은 막걸릿집이 먼 곳으로 이사 갔구나" 한 모금씩 먹은 막걸리에 취하여 눈꺼풀 내려오는 딸을 보시고 그림자처럼 붙어 있으려는 딸에게 겉옷을 벗어 논두렁에 깔아 잠을 재우고 일을 마치신 후 나를 소에 태우시고 집으로 오셨던 아버지를 생각하면 눈시울이 뜨거워진다.

3. 내 삶의 교과서가 된 아버지의 가르침

건강이 좋지 않아서 취학할 나이가 되었는데도 학교를 보내지 않고 아버지께서 홈스쿨을 시작하셨던 것 같다.

닭의 모이를 참새에게도 주도록 나눔을 가르치셨다. 또 양손에 고구마가 들려 있거나 무엇이든 양손에 쥐고 있는 것이 있다면 꼭 한쪽 것은 나누도록 가르치셨다. 그때는 속이 상할 때가 많았지만 이런 유년이 있었기에 지금의 내가 있는 것 같다.

　나의 유년 시절은 나눔과 우애와 예절을 먼저 배웠는데 지금의 아이들은 무엇을 배우는지 슬퍼질 때가 있다.

　학교 방과후 수업이 끝나고 간식 파티를 한 번씩 한다. 그때마다 차례를 지키도록 하고 간식을 주면 "선생님 제가 골라 갈게요." 하고는 요리조리 살피면서 더 큰 것 같은 것을 고르는 아이들이 간간이 있다. 또 뒤처리하다가 눈에 띄는 쓰레기가 보이면,

"거기 쓰레기 좀 주워서 쓰레기통에 넣어 줄래?" 하면

"제가 안 버렸는데요." 하고는 그냥 지나치는 아이도 있다.
　불러서 훈계라도 하고 싶지만, 부모가 알게 하면 자기 자녀 기죽인다고 항의 전화가 오니 못 본 척 넘기는 일이 다반사다. 그들이 나라를 움직일 때 나라의 앞날은 어떻게 될까? 슬프지만 어쩔 수 없는 현실이니 그저 웃어 본다.

　막둥이가 꼭 큰 사람이 될 거라는 꿈을 심어주시면서 체력을 단련시키고자 손수 활을 만들어 활 쏘는 연습을 시켰고 〈말뚝박기〉 〈구슬치기〉 〈땅따먹기〉 〈딱지치기〉 〈동태 굴리기〉 〈연날리기〉 등 모두 남자 놀이만 가르쳐 주셨다.

다행히 건강이 좋아져서 9살에 학교를 보내셨는데 나는 여자들이 하는 고무줄놀이를 상당히 좋아했다. 그런데 어느 날 고무줄놀이를 하는 중에 집으로 데리고 가셨는데 집에 가서 온갖 투정을 했었다. 그랬더니 아버지 한쪽 발에 고무줄을 묶고 한쪽은 방문에 끼워서 놀이할 수 있도록 만들어 주셨던 아버지가 오늘은 더욱 그립고 보고 싶다.

술이 거나하게 취하셔서 밖에서 돌아오시는 날에는 딸을 앉히시고 '호남가'를 부르시며 가르쳐 주시기도 하셨다. 이렇게 낭만이 있던 아버지였지만 나를 강하게 남자처럼 키우시려고 무던히도 애쓰셨다.

"어떤 경우든 절대 비굴하게 살지 말아야 한다."
"옳은 일에는 머리에 된장을 붙이더라도 굽히지 말아라."
"목에 풀칠할 것만 있으면 나누어야 한다."
"여자도 당당하게 할 말을 할 줄 알아야 한다."

늘 나에게 당부하는 아버지의 명심보감이었다. 덕분에 나는 학교에서 선생님들과 동네에서 칭찬을 한 몸에 받는 아이로 자랐다.

4. 사춘기 문턱에서 마주한 낙심과 이별

중학교 들어갈 무렵 나의 모든 삶이 무너져 버린 것 같은 큰 시련을 맞이하게 되었다.

그렇게 아끼시던 막둥이의 삶을 어떻게 책임지시려고 뇌졸중이라는 병마를 못 이기시고 쓰러지셨던 것일까? 정신적으로 버티시고 이겨내시려고 무던히 애쓰셨지만, 아버지의 육신은 정상으로 돌아오지 못하셨다.

겨우 지팡이를 지탱하여 한 발짝 움직이는 시간이 3~4분 걸리는데도 막둥이가 중학교에서 돌아올 시간이 되면 집 앞 언덕에서 기다리고 계셨던 나의 아버지가 눈앞에 보인다. 4킬로미터를 걸어서 학교에 다니는 막둥이가 안타까웠는지도 모른다. 그런 아버지께 왜 나오셨냐고 짜증을 내었던 아픔이 뼈저리도록 다가온다.

나는 말이 없어지고 우울해하고 일탈하고 싶어 했다. 집에 가산이 없어지기 시작했고 힘들어졌다. 어머니는 일찍 일어나셔서 밥을 해 놓으시고 일을 가시면 아버지 밥을 먹여 드리고 학교에 가는 것이 나의 주어진 일이 되었다.

교회를 가서 기도하면 나을 수도 있다는 소망을 두고 교회도 다녔다. 열심히 기도했지만, 아버지는 점점 거동이 불편해졌고 기대어 앉아 있는 것도 식사를 씹어서 삼키는 것도 말하는 것도 어려웠다. 아버지를 지켜보는 나는 울 수도 없는 아픔뿐이었다.

공부하는 것도 싫어졌다. 장학금을 못 받을 때도 많았고, 수업료를 못 내서 수업 시간에 복도에 나와서 서 있기도 했다. 힘들게 보내는 나의 사춘기 시절 누구에게도 터놓고 이야기할 수도 없었다. 어떤 뚜렷한 희망도 없이 중학교 졸업을 앞둔 마지막 방학하던 날 아버지는 끝내 사랑하는 막둥이를 놔두고 세상과 작별하셨다.

나는 뚜렷이 생각이 난다. 방학을 하던 날 일찍 집에 돌아왔는데 아버지가 집에 안 계셨다. 아버지를 부르고 있을 때 누군가가 일러주었다. 아버지가 돌아가시려고 해서 오빠네 집으로 옮겼다는 말이었다.

정신없이 쓰러질 듯 오빠 집으로 달렸다. 내가 도착하자마자 "아버지 막둥이 왔어요." 하고 오빠가 말하니 손가락 끝이 미세하게 흔들렸다.

손을 잡고 아버지를 목청껏 불러댔다. 눈을 살짝 떠보시는 것 같더니 두 눈에서 눈물이 주르륵 흘러내렸다. 그러고는 숨을 멈추셨다.

나는 모든 것이 사라져 버린 것 같은 깊은 상실감을 느껴야 했다. 오전부터 내가 오기를 기다리고 계셨다는 주위의 말이 나를 더욱 슬픔으로 남게 했다. 누구도 대신할 수 없는 죽음이라는 것이 아버지와 나를 갈라놓았다. 그리고 아버지라고 부를 수 있는 것도 앗아갔다.

너무나 갑작스러운 이별 앞에서 나는 아무 준비도 하지 못한 채 깊은 슬픔 속에 서 있었다. 세상은 조용히 멈춘 듯했고 아버지 없는 하루하루는 낯설고 버거웠지만 지금은 나의 곁에 아버지가 함께 계신다. 때로는 속삭이기도 한다. 내가 힘들 때 보고 싶을 때 조용히 불러보기도 한다.

5. 세월이 알려준 아버지의 사랑과 그리움

세월이 흐르면서 비로소 아버지의 사랑이 보인다. 내가 이제 아버지의 나이가 되면서 그 마음을 더욱 깊이 알아가는 것 같다.

아버지 말씀은 없어도
높으신 그 뜻을 내 잊으리
해가 뜨나 해가 지나 오직 한 마음
비가 오나 눈이 오나 오직 한 마음
자식 하나 잘 되기를 오직 한 마음
가슴 조여 빌고 빌던 오직 한 마음

마음이 울적할 때마다 이 노래를 부르면 답답함이 녹아나고 얼었던 가슴이 풀리면서 먹먹해져 오는 것은 아버지에 대한 그리움 때문일 것이다.

오늘도 가슴이 울컥 올라온다. 나이 때문일까? 해가 갈수록 아버지에 대한 그리움이 깊어진다. 내가 온전하게 철이 들기 전에 세상을 떠나셨기에 나에게는 아버지가 늘 최고의 대상으로 남아 있다.

내가 다리가 아파할 때 업고 다니셨고 먹지 못할 때 먹게 하셨고 무엇인가 필요할 때 채워 주셨던 아버지의 그 마음을 부모가 되어서야 알게 됨을 한탄해 본다. 말씀은 없어도 마지막 그 순간 나를 향하여 눈을 뜨셨던 것은 꼭 훌륭한 사람 꼭 큰 사람이 되라는 당부였을 것이다.

부모가 되어 나이가 드니 이제 철이 난다. 아버지의 모든 것이 그립다. 아버지는 이렇게 나의 삶 속에 여전히 계신다.

6. 참 고마우신 아버지께

아버지! 이제 저는 아들과 딸을 둔 엄마가 되었습니다. 아이들을 키우면서 부모가 된다는 것이 얼마나 큰 책임과 사랑으로 가르쳐야 하는지를 알게 되었습니다. 아버지만큼은 가르치지 못하였지만 당당하고 떳떳한 삶을 살아갈 수 있도록 아버지의 가르침을 따랐습니다.

끝까지 공부를 포기하지 말라시던 아버지의 당부를 못 지키고 삶의 영위를 위하여 결혼을 먼저 했던 것 용서해 주세요. 그래도 늦게라도 공부는 하였지만, 항상 공부는 때가 있다고 말씀하셨던 이유를 이제야 알았답니다.

아버지! 아버지는 제 곁에는 계시지 않으시나 제 삶의 곳곳에는 여전히 함께 계십니다. 아버지의 가르침으로 나를 세워가며 아버지를 닮아가고 있답니다.

막둥이가 못 이룬 아버지의 소망을 아버지의 외손자가 이루고 있음을 기뻐해 주시고 지금 특검을 하느라 쉴 새 없이 일하는 막둥이의 분신 외손자를 보시고 막둥이에 대한 한을 풀어주세요.

또 막둥이를 꼭 닮은 손녀딸도 삶을 아주 잘 꾸려 가고 있어요. 잘 살아가도록 가르쳐 주셨던 아버지의 삶의 교과서를 가지고 살아가게 해 주신 그 사랑 참으로 고맙습니다.

이제 편안히 눈 감으시고 영면하셔서 막둥이에 대한 근심 마음 놓으셨으면 합니다. 앞으로도 순간순간 아버지의 뜻을 새기며 감사의 마음으로 잘 살아가겠습니다.

(부모님을 초청하고 싶은 막둥이 집)

2장

내사랑 미순언니

양윤하 지음

양윤하

❏ 소개 (필명: 오월)
전남여자고등학교 졸업
전남대학교 의과대학 간호학과 졸업
조선대학교 대학원 의과대학 간호학과 졸업
광주기독병원 간호사 근무
서영대학교 간호학과 강사
유은학원 교사 근무
(광주여자상업고등학교 외 3개 학교)
(사)문학그룹 샘문 회원
(사)샘문학(구,샘터문학) 회원
(사)샘문그룹 문인협회 회원
(사)한용운 문학 회원
(주)한국문학 회원
샘문시선 회원

❏ 표창
2022 옥조근정훈장
2025 한국문학상 시 부문 신인상 수상
2025 한국문학상 수필 부문 신인상 수상

❏ 저서
1. 황금 예찬가 외 시 2편 (2025, 한국문학 공저)
2. 캣맘의 마음 외 1편 (2025, 한국문학 공저)

❏ 연락처 :
이메일: yh9401@hanmail.net

내 사랑 미순언니

✦✦✦✦✦

　지금은 70대에 들어섰지만 여전히 마음은 젊고 삶은 반짝인다. 나의 사랑하는 미순언니 얘기이다. 하루하루를 성실히, 아름답게 엮어가는, 이렇게 다정하고 진실한 언니가 나에게 있다는 건 정말 행운이다.

　언니를 처음 만난 건 내 나이 13살 중1때이다. 때이른 입학 때문에 친구들보다 한 살 어린 나는 무척 수줍은 아이였다.

　글짓기 대회를 통해 당당히 학교 대표가 되기도 했지만, 긴 생머리 예쁜 처녀인 국어 선생님께서 나의 담임 선생님인 덕분이기도 했을까, 난 늘 교외의 백일장대회 학교 단골 선수가 됐다. 담임선생님은 또래보다 어린 날 유난히 귀여워해 주셨다. 난 그때 영어엔 B만 있는 줄 알고 중학교를 입학했다. 영어책을 열어보니 B 말고도 다른 글자들이 서로 협력하여 단어를 이루는 글들을 보니 참 신기했다.

　열정 많으신 우리 담임선생님께서는 매일 아침 자습 시간에 우리 반 64명에게 10분간 배정하여 영어 단어 쪽지 시험을 내주셨는데,

입학 후에 한 달쯤 지나 시작된 쪽지 시험 첫 1주일간 하루도 안 빼고 만점을 맞은 유일한 학생인 나를 교무실로 부르셨다. 상품을 마련해 놓으셨으니 하교 전에 꼭 들르라 하신다. 수줍음이 많아 교무실에 들어가지 못해 며칠간이나 선생님 찾아가지 못하고 하루하루 넘기는데, 자꾸 반복해 부르셔서 교무실 찾는 데까진 또 1주가 흘렀다.

두꺼운 노트 5권이 선생님 책상 위에 앉아 있었고, 그때 시간이 종례 후라 교무실엔 1학년 선생님들만 7, 8분 사무를 정리하고 계셨다. 선생님은 내 손을 어루만지시며 옆에 계신 선생님들께 "우리 윤하는 공부도 잘하고 이 손으로 피아노도 잘 친답니다" 하고 큰 소리로 광고를 해 주셨다. 그 덕에 1학년 교과목 선생님들께 내 이름이 학년 초부터 비교적 빨리 알려진 학생이 됐다.

교내에서 치르는 백일장대회와 국어 숙제로 내주시는 여러 글들을 읽어 보신 담임선생님의 추천으로 나와 내 친구 영순이는 사직공원으로, 전남대 운동장으로 여러 백일장대회에 참가할 수 있는 기회를 만나게 됐다.

그러던 어느 봄 목련꽃들이 기지개를 켤 무렵, 호남 예술제 참가를 위해 사직공원을 향해 가다 미순 언니를 만났다.

우리 학교는 여고와 여중이 넓은 운동장을 사이에 두고 한 울타리 안에 마주 보고 배치되어 있었다. 웬만한 행사는 여고와 여중이 연합해서 진행되었다. 백일장대회 역시 여고에선 10여 명, 여중에선 영순이와 나를 포함하여 이렇게 열여섯 명가량이 함께 출전 했다.

학교가 대회 장소인 사직공원으로부터 버스정류장 기준으로 두어 개 정도 떨어진 거리라 버스 이용은 하지 않고, 두 줄로 서서 자동차들 피해 도로 옆에 딱 붙어 여고 담당 선생님 인솔 하에 걸어가는데, 한참 때인 언니들은 재잘 재잘 짝꿍끼리 수다를 떨며 가고 있고, 영순이와 난 맨 뒷줄에서 말없이 부지런히 언니들 뒤를 따라갔다.

한참 걷고 있는데 어떤 언니 한 사람이 친구들 중 맨 뒤로 다가왔다. 두 손을 내밀어 영순이와 나를 한 손씩 양손에 꼭 잡더니 다정히 웃어 주는데 그 미소의 감촉이 햇살과 버무려져 내 손가락 마디마디 끝까지 번져오는 듯 따뜻했다. 자신도 고2 어린 소녀이고, 답답한 교실 벗어나 친구들과 맘껏 수다 떨며 가고 싶었으련만, 어쩜 언니는 더 어린 두 동생을 챙길 생각을 했을까? 이제 와서 생각할수록 신기하고 기특할 수 밖에..

그 후로 우리 둘은 언니의 '사랑스러운 동생'이 됐다. 2교시와 3교시 사이에 20여 분의 쉬는 시간이 있었는데, 원래는 그게 중간 체조 시간이다. 언니는 친구들 서너 명을 몰고 거의 날마다 그 넓은 운동장을 바쁘게 가로질러 우리 여중을 찾았다. 우리 교실 복도에서 유리창 안을 들여다보곤 밖에서 수신호를 보내면 우린 쪼르르 달려 나간다.

항시 그렇듯 양손에 우리 둘의 손을 잡고 교내 매점으로 향한다. 튀김, 뽀빠이 같은 간식거리를 입에 잔뜩 넣어주고, 3교시 종이 울리기 전에 종종거리며 여고로 달려 내뺐다.

철없는 우리들은 별로 고마워할 줄도 모르고 넙죽넙죽 받아먹기만 했다. 그러나 그 마음은 어린 우리 가슴속 깊이 새겨졌다.

해가 지나면서 차츰차츰 언니와 더 가까워지고, 언니와 우리 집

사이에서도 존재가 알려지면서 서로의 집을 방문하게 됐고, 엄마들은 서로의 딸들만큼이나 예뻐하게 됐다. 휴일이면 난 언니 집에 놀러 가서 가족들과 한 상에서 밥도 먹고 가끔은 언니와 언니의 엄마 사이에 누워 자고 오기도 했다. 거의 그 댁 막내가 되어 남매들의 귀염을 독차지하게 됐다. 미순 언니 또한 우리 집 식구들과 늘 어울렸다. 나의 부모님도 언니를 큰딸처럼 여겨 예뻐하시고 아끼셨다.

가정 형편상 언니는 대학 진학을 포기하고 외환은행에 취직을 했는데, 20세의 신입사원이 은행 창구에 예쁘게 화장을 하고 앉아 고객 응대하는 모습이 참 보기 좋았다. 가끔씩 찾아가면 꼭 시간을 내어 당시의 도청 앞 분식집으로 데려가 양껏 먹이곤 직장으로 복귀하곤 했는데, 철없는 여고생인 난 그게 좋아 업무 방해인 줄도 모르고 늘 찾아가는 재미를 누렸던 것 같다.

스물네 살 꽃 같은 나이에 언니는 서울로 시집을 갔고 신혼생활 속에서도 언니는 늘 나와 나의 엄마께 편지를 보내왔다. 요즘 어떻게 살고 있으며 오늘은 신랑과 어딜 다녀왔고, 무슨 반찬을 해서 저녁을 먹었으며, 얼마 후엔 입덧이 시작되어 뭘 못 먹고 힘들단 이야기며, 1년 반쯤 후엔 이쁜 아기가 태어나 너무나 행복하다는 얘기까지 일상을 알려주셨다.

글을 읽어 보면 모든 생활이 눈앞에 그려지면서 엄마와 난 참 흐뭇했었다. 나 역시 세 살짜리 조카의 이모 노릇 한답시고 가끔 아기 옷도 선물하고 언니와 형부, 그리고 나와 조카 이렇게 넷이서 손잡고 함께 외출도 했다.

　세월이 흘러 언니는 미래를 내다보는 혜안을 열어 전문대 유아교육과로 다시 진학해서 유치원 교사로 전직했다. 유치원 교사 생활 10여 년을 거친 후에 자기 소유의 유치원장이 되었다. 워낙 어린아이들을 좋아하는 언니인지라 그 업무가 잘 어울린다 싶더니 그 유치원이 발전을 거듭하여, 지금은 광주광역시에서 몇 개 안 되는 큰 유치원으로, 처음엔 직접 운영을 하다가 이제는 일선에서 물러나 아들 내외에게 운영을 맡기고 부부간에 다정히 세계여행을 수시로 다니며 힐링의 세월을 살아가고 있다.

　지구 한 바퀴는 어릴 적부터 언니의 버킷리스트 1번이었다고 한

다. 가는 곳마다 일기 형식의 기행문 글을 써서 자신의 자녀, 손자녀와 나에게까지 공유하는데, 여고 시절의 그 수려했던 글 솜씨가 지금도 고스란히 살아 있다. 귀국하면 항시 골프와 수영 등등 모든 걸 형부와 함께 하니 부럽기 짝이 없다.

언니에게서 세상의 따뜻함을, 형부에게서 상대에 대한 배려와 존중을 배웠고, 그건 내 삶의 중요한 자양분이 되어 주었다. 나는 지금도 우울하거나 의논할 일이 있으면 가장 먼저 언니를 찾는다. 기쁜 일이 있을 땐 진심으로 함께 기뻐해 주고, 힘이 들 땐 곁에서 묵묵히 앉아 공감하며 그 일이 지나갈 때까지 기다려 주신다.

늘 내 편이 되다가 가끔 서로 의견이 다를 때에도 비난하거나 고집하지 않고 "이러 이러하면 어떻겠니?" 하고 의견 제시만 할 뿐 잠잠히 지켜봐 주시니 마음이 늘 편하다.

늘 자애롭게 반겨주시고 사랑해 주시던 언니의 어머니, 즉 나의 또 다른 어머니는 올 초에 100세를 앞두고 한 많은 세상의 끈을 놓으셨다.

언니가 서너 살 때 삼 남매를 어머니께 맡기시고 군인 장교로 나라를 지키시다 훌쩍 순국하신 언니의 아버지, 그 후로 청상의 많은 세월을 인내와 설움으로 고단하게 보내셨을 게다. 연세가 많아 떠나셔도 어머니는 항시 그리운 존재이다. 형부는 언니의 그런 마음을 달래 주시고, 가장 가고 싶어 하는 곳으로 언니를 데려가 위로해 주시니 그 세심한 배려와 자상한 마음은 모든 남편들의 표상이 될만하지 않을까?.

어디로 여행을 떠나든 그 여행에서 뭘 보고 뭘 배우고 무슨 문화, 기후, 음식 등등을 체험하고 있는지 지구 반대편에 있는 나도 훤히 알 수 있도록 거의 매일 소식을 전해 오니 간접 여행의 기분도 쏠쏠하다.

또한 언니는 챙길 가족들도 많은데 여행 끝에 내 선물도 잊지 않고 매번 챙겨오신다. 난 시댁살이 하느라, 애들 키우느라, 직장 다니느라, 또한 성격상의 이유로도 집에서 멀리 떠날 이유도 짬도 없는 사람인데, 이 자상한 언니 덕에 많은 나라들을 내가 직접 다녀온 듯 세계 각 나라들의 기념품들이 방 안에 즐비하다.

　언니는 늘 말한다. 사랑한다고, 그리고 우리 자매는 세상 다하는 날까지 의지하고 사랑하며 살자고..

　여고 시절에 자신보다 더 어린 여중 1학년 코흘리개들을 잘 챙길 줄 아시던 그 성품 놓지 않고 소녀처럼 풍부한 감성 잃지 않고 사는 언니..

　언니 덕에 저는 세상이 살만한 곳이고 따뜻한 곳이고 저도 누군가에게 사랑받는 존재라는 걸 배우며, 따뜻한 성품으로 잘 자랐으며, 저 또한 더 어려운 이웃들과 동물들에게까지도 자그마한 도움이나마 베풀고자 노력하며 살고 있습니다. 언니의 베풂에 비해 전 아무 보답도 못했고 지금까지 사랑의 빚만 잔뜩 쌓여 있네요. 고마워요, 언니.

　이제 노년으로 접어든 우리, 세월이 얼마 남지 않았다고, 이제 와서 뭘 이룰 수 있겠냐고 주저앉아 있지만 말고, 100세 시대에 비추어 보면 오늘이 그 첫날이라 여기며 하루하루 성실히, 경건히 살아가야겠다고 생각하여, 이 나이에도 난 노트북 앞에 앉아 사회 복지 강의를 듣고, 노인 일자리를 검색한다.

올해 2학기 시작되는 8월 말부터 중학교 학생들을 교실에서 수업으로 만날 기회를 얻었는데, 그 생각을 하면 벌써 마음이 설렌다.

많은 희망과 에너지를 선물해 주신 언니, 늘 행복하시고 건강하시고 마음만은 누구보다 젊게 사세요.

3장

나룻배와 사다리와 바람

김영선 지음

김영선

❏ 소개
1. 전남대학교 영어영문학과
2. 대한웰다잉협회 웰다잉 전문강사
3. 사진·영상작가
4. 영상제작소 청운 대표

❏ 저서
당신의 스토리가 경쟁력입니다(공저, 한국지식문화원, 2025)

❏ 연락처
이메일: yskimet@gmail.com
블로그: https://blog.naver.com/yskimet/223966669728
유튜브: 김영선TonyKimDaily, Let'sKorea렛츠코리아

나룻배와 사다리와 바람

◆◆◆◆◆

1. 인연이란

인생을 살다 보면 우리는 수없이 많은 사람들을 만납니다. 매일 스쳐가는 이들도 있고, 기억조차 남지 않는 이들도 있습니다. 그러나 어떤 만남은 바람처럼 스쳐가도 그 바람의 감촉이 오래 남아 삶의 방향을 바꾸기도 합니다. 또 어떤 만남은 내 인생의 뿌리마저 뒤흔듭니다.

우리는 그런 존재를 흔히 '귀인(貴人)'이라 부릅니다. 귀인은 단순히 좋은 사람이 아니라, 내 안의 가능성을 깨우고, 내가 주저앉았을 때 다시 일으켜 세우는 힘이 됩니다.

고대 그리스의 플라톤은 『향연』에서 인간이 본래 둥근 존재였으나 신의 벌로 반쪽이 잘려 나갔다고 말합니다. 그래서 우리는 평생 잃어버린 반쪽을 찾아 헤맨다는 것이지요.

그 이야기를 들으면 저는 송골매의 노래 〈이빠진 동그라미〉가 떠오릅니다. "이빠진 동그라미, 어딘가 모자란 내 모습." 인간은 누구나 어딘가 결핍되어 있습니다. 둥근 원을 이루고 싶어 하지만 언제나 이 빠진 동그라미 같은 채 살아갑니다. 바로 그 빈자리를 채워주는 게 인연이고, 그 결핍을 완성 시켜 주는 이가 귀인 아닐까요.

불교에서는 모든 것이 인연 따라 생겨나고 인연 따라 사라진다고 합니다. 꽃 한 송이가 피어나기 위해 흙과 햇빛과 물과 바람이 모두 필요하듯, 우리의 삶도 수많은 만남과 조건들이 맞아야 이루어집니다.

장자는 인연을 바람에 비유했습니다. "만남은 길 위의 바람과 같다." 바람은 잠시 스쳐 가지만, 그 바람이 남긴 감각은 오래도록 사라지지 않습니다.

예술과 역사 속에도 귀인의 이야기는 숱합니다. 반 고흐에게는 동생 테오가 있었고, 릴케에게는 루 살로메가 있었습니다. 세종에게는 장영실이, 간디에게는 타고르가, 김대중 대통령에게는 해외 망명 시절 그를 지켜준 귀인들이 있었습니다.

이렇듯 인연은 개인의 삶을 바꾸고, 나아가 역사를 만들어냅니다. 그리고 제 인생에도 그런 인연들이 있었습니다.

2. 작은 누나와 매형

저는 세 살 무렵 아버지를 잃었습니다. 전남 보성군 복내면에서 살던 우리 가족은 그 순간부터 뿌리째 흔들렸습니다. 큰 누나는 어린 나이에 옆 마을로 시집을 가야 했고, 어머니는 다섯 남매를 데리고 광주 소태동으로 이주했습니다. 그러나 얼마 지나지 않아 둘째였던 큰 형이 화순 탄광에서 사고로 세상을 떠났습니다.

70~80년대 광주는 산업화의 거친 물결 속에 있었습니다. 농촌에서 밀려든 사람들은 변두리 판잣집과 반지하 방에 살았고, 아이들은 중학교를 졸업하기도 전에 공장에 들어가야 했습니다. 작은 누나와 형들도 예외는 아니었습니다. 학교 대신 기계 소리와 톱밥 냄새 속에서 하루를 버텨야 했습니다.

우리 집은 늘 가난의 그림자에 가득했습니다. 중학교 3학년 무렵, 우리는 하천가 옆 반지하 집으로 이사했습니다. 낮에도 축축한 곰팡이 냄새가 났고, 밤이면 천장에서 쥐들이 뛰어다녔습니다. 남들이 알까 두려워 해가 져야 몰래 집에 들어갔습니다. 그 수치심은 제 마음을 옥죄었고, 결국 저는 서울 구로공단으로 가출했습니다.

구로공단의 지하는 더 혹독했습니다. 작은 의류공장 지하에서 이불조차 없이 원단을 덮고 추위에 떨며 잠을 청했습니다. 차가운 바닥은 뼛속까지 스며들었고, 습기와 원단 냄새가 코끝에 밴 채 새벽을 맞곤 했습니다. 그 시절 제 몸은 고통을 견디며 제 방황을 묵묵히 감당해주었습니다.

1986년 복내에서 방위소집 해제로 군 복무를 마치고 제게는 마땅히 거주할 곳이 없었습니다. 결국 저는 작은 누나 집으로 들어갔습니다. 그곳에서 작은 누나와 매형은 광주 월산동 수박 등 흙먼지가 이는 도로 옆 작은 문짝 공장에서 일하고 계셨습니다.

공장 안에는 늘 나무 냄새와 톱밥이 흩날렸습니다. 바닥엔 잘려 나간 나무조각이 널려 있었고, 대패질 소리와 망치질 소리가 새벽까지 이어졌습니다. 매형은 묵묵히 망치를 두드렸고, 작은 누나는 두툼한 장갑을 끼고도 손등이 갈라져 있었습니다. 그 손으로 다시 저녁상을 차리면, 된장국과 보리밥, 김치 한 접시가 전부였지만, 그 식탁은 세상 어떤 진수성찬보다 따뜻했습니다. 그때의 힘든 수

작업 때문인지, 지금 예순다섯인 그녀의 손은 굴곡진 삶만큼이나 손마디마다 부풀어 휘어 있습니다.

저는 옆방에서 검정고시 교재를 펼쳐놓고 공부를 했지만, 그 소리를 들을 때마다 차마 잠들 수 없었습니다. 누나와 매형의 땀이 제 책장을 넘기고 있었습니다.

검정고시 합격부터 대학 졸업까지, 생활비와 학비는 모두 두 분이 감당해주셨습니다. 저는 펜을 잡았을 뿐인데, 그 펜 끝에서 나온 작은 글자 하나하나가 사실은 두 분의 피와 땀이었습니다.

스무 여덟살 이라는 늦은 나이에 저는 집안 최초로 대학에 들어갔습니다. 그것은 단순히 제 성취가 아니라, 집안 역사를 바꾼 사건이었습니다. 조카들이 교사와 한의사로 자랄 수 있었던 것도 작은 누나와 매형의 희생 덕분이었습니다.

3. 인생의 하프타임에서 만난 문선화 강사님

쉰여덟, 저는 인생 전반전을 마치고 후반전 문 앞에 서 있었습니다. 그런데 실직이라는 시련이 닥쳤습니다. 대학 졸업 후 30여 년을 학원강사와 학원장으로 살아왔던 제게 준비되지 않는 미래가 기다리고 있었던 것입니다. 오랫동안 해온 일을 내려놓고 새로운 길을 찾아야 했습니다. 막막했습니다.

　그 무렵 재취업 교육장에서 문선화 강사님을 만났습니다. 그녀는 소상공인진흥공단의 희망리턴패키지 재취업 전문강사이자 사업정리 컨설턴트였습니다. 하지만 제게는 단순한 강사가 아니라, 새로운 길을 밝혀준 귀인이었습니다.

　강의실은 아직 겨울의 찬 기운이 완전히 가시지 않은 초봄의 햇살이 들어와 포근했습니다. 창문으로 스며드는 빛은 잔잔하게 공간을 덮었고, 작고 아담한 교육장은 정갈하게 정리되어 있었습니다. 의자와 책상은 군더더기 없이 깔끔했고, 프로젝터 스크린에는 오늘의 강의 주제가 단정히 적혀 있었습니다.

　그 자리에 모인 사람은 저와 제 아내를 포함하여 열 명 남짓,

젊은 층에서부터 중년의 남녀까지 고르게 섞여 있었습니다. 누군가는 눈을 반짝이며 필기를 준비했고, 또 다른 이는 다소 긴장된 듯 책상 위 손가락을 꼼지락거리며 강사를 기다렸습니다. 하지만 전체적인 분위기는 무겁지 않았습니다. 의외로 공기에는 기대와 설렘이 흘렀고, 서로 눈을 마주치며 건네는 미소에서 밝은 기운이 감돌았습니다.

저 또한 처음 들어왔을 때 예상과 달리 무거운 기색보다는 희망적인 온기를 느꼈습니다. 그 작은 교육장은 단순히 재취업을 위한 공간이 아니라, 새로운 출발을 꿈꾸는 이들의 숨결로 가득 찬, 따뜻한 봄의 교실 같았습니다.

'이 나이에 내가 뭘 다시 시작할 수 있을까?' 하는 불안이 목을 조르듯 다가왔습니다. 그런데 강사님의 목소리는 달랐습니다. 단단하면서도 따뜻했습니다. 그 목소리는 제 마음 속 가장 어두운 방에 작은 등불을 켜놓는 듯했습니다.

며칠 뒤, 저는 그녀의 사무실을 찾아갔습니다. 사무실은 세로로 긴 좁은 곳이었습니다, 그녀와 또 다른 한 분의 강사가 작은 책상에 앞뒤로 앉아 컴퓨터에 몰두하고 있었습니다. 그런데도 그녀는 온전히 저를 바라보며 필요한 절차를 세세히 설명해주었습니다. 그 모습은 단순한 직무가 아니라 진심에서 우러난 배려였습니다.

그녀는 제가 웰다잉 전문강사 과정을 밟도록 도왔고, 수강료까지 대신 내주며 꼼꼼히 챙겨주었습니다. 인간관계와 행정에 서툰 저를 인내심 있게 지도하며 강단에 설 수 있도록 이끌어 주었습니다. 그리고 저는 지금도 그녀에게는 손이 자주 가는 농심 새우깡 같은 사람입니다.

돌이켜보면 그 만남은 우연 같았지만, 불가에서 말하는 인연이었습니다. 실직이라는 조건, 교육이라는 계기, 그리고 그녀의 존재가 맞물려 지금의 제가 있게 된 것입니다.

저는 이제 교실이 아닌 강의실에서, 아이들이 아닌 노년의 이들에게 삶과 죽음을 이야기하는 웰다잉 강사가 되었습니다. 그것은 단순히 제 삶을 바꾼 것이 아니라, 초고령사회 속에서 노노(老老)교육이라는 새로운 길을 열어준 일이었습니다.

4. 나의 몸

마지막으로, 제가 잊어서는 안 될 귀인이 있습니다. 늘 제 곁에 있었지만, 제가 가장 홀대했던 존재, 바로 제 몸입니다.

저는 허약하게 태어났습니다. 친구들과 뛰놀면 금세 숨이 차올랐고, 다리에 쥐가 났습니다. 청년기에는 삼십 년 넘게 두통에 시달렸고, 장티푸스로 십 년을 고생했습니다. 공부와 일을 위해 밤을 새우던 시절에도 제 몸은 묵묵히 버텨주었습니다.

　심장은 멈추지 않고 제 삶의 북소리를 울렸습니다. 간은 무리한 생활을 묵묵히 걸러냈습니다. 위장은 허술한 식습관을 참고 제 허기를 채워주었고, 팔과 다리는 쉼 없는 노동을 견디며 제 길을 걸어주었습니다. 손은 상처투성이가 되어도 글을 대신 써주었고, 눈은 흐려지면서도 세상을 보여주었으며, 귀는 소음을 견디며 타인의 목소리를 들려주었습니다.

　만약 몸이 목소리를 가질 수 있었다면, 그것은 아마도 오래된 친구의 낮고 단단한 음성이었을 것입니다. 삶의 가장 어두운 골짜기에서도 떠나지 않고, 무심한 주인의 채찍질에도 묵묵히 걸어온 벗의 고백 말입니다. 몸은 단 한 번도 나를 버린 적이 없었습니다.

내가 외면하고 홀대했을지라도, 끝내 내 곁을 지켜내며 존재의 무게를 함께 짊어졌습니다.

생각은 흔들려도 맥박은 멈추지 않았고, 영혼이 길을 잃어도 육체는 꺼지지 않는 등불처럼 곁에 머물렀습니다. 몸은 결국 내 삶을 묵묵히 지켜낸 충직한 동행자, 내가 가장 잔인하게 다루었으면서도 끝끝내 나를 놓지 않은 유일한 벗이었습니다.

몸은 늘 제 뒤에서 고통을 감내하며, 제가 영혼을 키워갈 수 있도록 묵묵히 희생해준 충직한 동행자였습니다. 데카르트는 인간을 '생각하는 존재'라 했지만, 사실 우리는 몸이라는 '살아 있는 집'을 떠나서는 아무것도 할 수 없습니다. 메를로퐁티가 말했듯 몸은 세계와 만나는 창입니다. 제 영혼이 성장할 수 있었던 건, 이 몸이 고통을 대신 짊어졌기 때문입니다.

5. 나는 만남의 총합이다

돌이켜보면, 제 인생은 결국 타인과의 만남의 총합이었습니다. 작은 누나와 매형이 없었다면 저는 배움의 길에 들어서지 못했을 것입니다. 문선화 강사님이 없었다면 저는 웰다잉 강사의 길에 설 수 없었을 것입니다. 그리고 제 몸이 없었다면, 지금의 저는 존재하지도 않았을 것입니다.

철학자 하이데거는 인간을 '세계-내-존재'라고 불렀습니다. 이 말은 곧 인간이 홀로 존재하는 것이 아니라, 항상 세계와, 타자와, 사물과 얽혀 살아간다는 뜻입니다. 나라는 존재는 독립된 섬이 아니라 관계의 그물망 속에 세워진 작은 매듭일 뿐입니다.

레비나스는 더 나아가 "타자의 얼굴"이야말로 나를 깨우는 근원적 경험이라고 말했습니다. 내가 타인의 얼굴을 마주할 때, 그 시선 속에서 나는 책임을 느끼고, 나의 존재가 단순한 개인을 넘어선 윤리적 실존임을 깨닫습니다. 타인이 없었다면, 나는 결코 나 자신을 알 수도, 나 자신을 지탱할 수도 없는 것입니다.

사르트르 역시 『존재와 무』에서 인간을 "타자의 시선 속에서 자신을 의식하는 존재"로 설명했습니다. 나는 스스로를 바라보는 동시에, 타인의 눈을 통해 나를 인식합니다. 다시 말해, 나라는 자아는 단독으로 완성되는 것이 아니라, 타인의 인정과 부정, 사랑과 갈등 속에서 비로소 모양을 갖추게 됩니다.

마르틴 부버는 인간의 존재를 "나-너의 만남"으로 규정했습니다. 그는 모든 진정한 삶은 만남에서 비롯된다고 했습니다. '나-그것'의 관계 속에서는 세상이 도구화되지만, '나-너'의 관계 속에서 우리는 서로를 있는 그대로 바라보고, 그 속에서 내가 누구인지를 알게 됩니다. 제가 만난 귀인들이 바로 그런 '너'들이었습니다. 그들의 희생, 그들의 따뜻한 손길 속에서 저는 저 자신을 발견했습니다.

문학적으로 표현하자면, 인생은 수많은 실로 짜여진 직조물입니다. 어떤 실은 굵고 눈에 띄며, 어떤 실은 가늘어 눈에 잘 보이지도 않습니다. 그러나 그 모든 실들이 얽히고 맞물리지 않았다면 지금의 무늬는 결코 나타나지 않았을 것입니다. 제 인생의 무늬 또한, 가족의 헌신과 스승의 가르침, 그리고 제 몸의 희생이라는 실들이 교차하며 짜여진 하나의 직물입니다.

결국 나라는 존재는 타인과의 관계가 남긴 흔적들의 집합입니다. 작은 만남 하나가 스쳐 지나간 바람 같아 보여도, 그 바람이 남긴 냄새와 감촉은 제 영혼에 각인되어 저를 바꾸어놓았습니다. 저는 혼자가 아니라, 수많은 타자의 발자국과 목소리, 눈빛과 손길이 켜켜이 쌓여 이루어진 존재입니다.

그래서 저는 이렇게 말할 수밖에 없습니다. 나는 나 자신으로만 존재하지 않는다. 나는 타자들의 얼굴 속에서, 그들의 희생과 사랑 속에서 비로소 존재한다.

따라서 제 인생을 한마디로 정의한다면, 그것은 곧 "나는 타인과의 만남의 총합이다"라는 문장으로 귀결됩니다. 이것은 단순한 수사가 아니라, 제가 살아온 삶의 실질적 고백입니다.

6. 귀인을 만난다는 것

이렇듯 제 삶에는 세 귀인이 있었습니다. 작은 누나와 매형, 문선화 강사님, 그리고 내 몸. 그러나 귀인은 이들뿐만이 아닐 것입니다. 알아차리지 못한 채 지나쳐간 귀인들도 분명 있을 것입니다.

귀인은 멀리 있는 특별한 존재가 아닙니다. 평범한 얼굴로, 가족의 이름으로, 스승의 이름으로, 혹은 길 위의 낯선 이의 말 한마디로 우리 곁에 다가옵니다. 문제는 내가 그것을 알아보느냐, 놓치느냐에 달려 있습니다.

귀인을 만나는 건 절반은 인연이지만, 나머지 절반은 나의 선택과 결단입니다. 작은 누나와 매형의 희생이 있었어도 제가 공부하지 않았다면 대학은 열리지 않았을 것이고, 문선화 강사님의 말이 있었어도 제가 마음을 움직이지 않았다면 웰다잉 강사의 길은 시작되지 않았을 것입니다.

귀인은 단순히 나를 구원해주는 존재가 아니라, 내 안의 가능성을 깨워준 존재였습니다. 그리고 그 손을 붙잡는 건 결국 내 몫이었습니다.

그래서 저는 다짐합니다. 언젠가 저도 누군가의 귀인이 되고 싶다고. 무너져 있는 누군가 곁에서 "괜찮다, 다시 시작해도 된다"는 눈빛 하나 건네는 것만으로도 충분하지 않을까요? 그것이 제가 받은 은혜에 대한 가장 진실한 보답일 것입니다.

인생은 누군가의 손길을 통해 건너가는 강이기도 하고, 또 다른 이의 도움으로 올라서는 언덕이기도 합니다. 때로는 손이 닿지 않는 곳을 향해 길을 내야 하고, 때로는 바람에 몸을 맡겨 더 멀리 날아야 합니다. 제 삶도 그러했습니다. 귀인들의 손길 속에서 오늘의 제가 되었고, 이제는 저 또한 누군가에게 그런 작은 힘이 되고 싶습니다.

멀리 강을 건너야 하는 이에게는 조심스레 건너갈 수 있는 나룻배가 되어주고 싶습니다. 높은 언덕을 오르려는 이에게는 발을 디딜 수 있는 단단한 돌이 되어주고 싶습니다. 높은 밤하늘에 달과 별을 그리고자 하는 이에게는 곧게 뻗은 사다리가 되어주고 싶습니다. 더 높이, 더 멀리, 하늘을 나는 연이 되고 싶은 이에게는 그 연을 들어 올려주는 바람이 되고 싶습니다.

그렇게 누군가의 길 위에서 잠시라도 건너가는 나룻배가 되고, 올라서는 발판이 되고, 손이 닿는 길을 열어주는 사다리와 바람이 된다면, 그것만으로도 제가 살아온 인연의 은혜에 가장 진실하게 응답하는 길이 될 것입니다.

4장

오늘의 나를 만든 어제의 당신

공요환 지음

공요환

❑ 소개
1. 서울시립대 행정학과 졸업
2. 경희대 공공대학원 석사
3. 서울교통공사 정년 퇴임
4. 대한웰다잉협회 총무이사
5. 엔딩플랜 사업본부장
6. 사전연명의료의향서 상담사
7. 사회복지사
8. 노인 통합교육 지도사
9. 요양보호사
10. 웰다잉 전문강사

❑ 저서
1. 인생의 쉼표, 아내와 나눈 2박3일의 풍경(유페이퍼,2025)
2. 남은 생, 빛나게 살아낼 용기(유페이퍼, 2025)
3. 내 삶을 다시 쓰는 중입니다.(공저, 봄날의 책방, 2025년)

❑ 연락처
이메일: kongjone@naver.com
인스타: jone63130

오늘의 나를 만든 어제의 당신
(한 사람의 삶을 빚어낸 소중한 인연들에 대하여)

✦✦✦✦✦

프롤로그: 나를 살게 한 사람들

우리는 태어나는 순간부터 수많은 사람과 마주친다. 어떤 이는 스쳐 지나가고, 어떤 이는 깊은 흔적을 남긴다. 그리고 아주 특별한 몇몇 사람들은 우리의 삶 자체를 바꿔놓는다.

나는 천안시 신당동이라는 작은 마을에서 태어났다. 할머니와 아버지, 어머니, 결혼하신 작은아버지 부부와 삼촌 그리고 막내인 고모까지, 크지 않은 집에 그야말로 대가족이 살았다. 그 붐비는 공간 속에서 나는 장손이었다.

내가 세 살 무렵, 아버지와 어머니는 서울로 터를 잡기 위해 무작정 상경하셨다. 그때부터 나는 할머니와 그 외 식구들 손에 키워졌다. 할아버지는 3남 2녀를 낳으시고 일찍 돌아가셨기에 할머니가 곧 집안의 제일 어르신이셨고, 할머니 말씀은 곧 법이었다.

이 책을 쓰면서 깨달았다. 나라는 한 사람이 지금 여기 이렇게

서 있을 수 있는 것은, 수많은 사람의 사랑과 헌신 덕분이었다는 것을. 그들이 없었다면, 나는 존재할 수 없었을 것이다.

할머니의 무조건적인 사랑, 작은아버지의 끝없는 인내, 아버지의 묵묵한 헌신, 친구의 우연한 제안, 선배의 따뜻한 조언, 그리고 아내의 간절한 기도. 이 모든 것들이 모여 오늘의 나를 만들었다.

우리는 혼자 살 수 없다. 누군가의 도움 없이는 단 하루도 버틸 수 없다. 그래서 나는 이 책을 통해 나를 살게 한 사람들에게 감사의 마음을 전하고자 한다.

‖ 1부: 나의 뿌리가 되어준 사람들

1. 세상의 모든 것을 허락 해주던 방패, 할머니

"석균아, 놀자!"
"정선아, 놀자!"

비가 오는 날이면 나는 미친 듯이 뛰어다녔다. 팬티만 입고 맨발로, 빗물이 얼굴을 타고 흐르는 것도 아랑곳하지 않고 친구들 집을 순회했다. 동네방네 내 목소리가 빗소리와 뒤섞여 울려 퍼졌다.

어른들이 보기엔 말도 안 되는 짓이었을 것이다. 감기라도 걸리면 어쩌려고, 발을 다치면 어쩌려고. 하지만 할머니는 달랐다. 커다란 대야에 깨끗한 물을 받아놓고 문간에서 기다리셨다. 한바탕 돌고 온 나는 흙탕물로 범벅이 되어 있었다. 할머니는 첨벙 뛰어드는 손자를 맞아 깨끗한 물로 온몸을 닦아 주셨다.

"우리 강아지가 또 신나게 놀았구나."

그 목소리에는 내가 마음껏 뛰어놀 수 있도록 허락해 주시는 무한한 사랑이 있었다. 깨끗하게 씻어 주시면 나는 다시 뛰어나갔고, 할머니는 또 대야에 물을 받아 기다리셨다. 이러기를 수차례. 할머니의 인내는 끝이 없었다.

지금 생각해 보면 그것은 단순한 목욕이 아니었다. 할머니는 내게 자유를 주셨다. 비를 맞으며 뛰어다닐 자유, 흙탕물이 되어도 괜찮을 자유, 아이답게 살 자유. 그 자유가 나를 건강한 아이로 자라게 했다.

천둥번개가 치는 밤이면 나는 무서워서 벌벌 떨었다. 하늘이 찢어질 듯한 굉음, 번쩍이는 섬광. 온몸이 움츠러들었다. 그럴 때마다 할머니는 큰 이불을 가져오셨다. 그러고는 나를 품에 꼭 안으시고 이불로 우리 둘을 덮으셨다. 그 안은 작은 동굴 같았다. 아늑하고 따뜻한 우리만의 세계.

"괜찮다, 괜찮아. 할미가 있잖아."

할머니의 가슴에서 규칙적으로 뛰는 심장 소리가 들렸다. 두근두근 그 소리가 천둥소리보다 더 크게 들렸다. 주름진 손으로 내 등을 토닥이시던 할머니의 손길... 어느새 두려움은 사라지고 꿈나라로 향했다. 할머니 품에서의 그 따뜻함은 지금도 내 가슴 한편에 남아 있다. 세상의 모든 무서운 것들로부터 나를 지켜주던 절대적인 안전지대.

어느 겨울날이었다. 살얼음이 살짝 언 정도의 날씨. 나는 끊어진 백열전구를 들고 논 옆 샘으로 갔다. 가뭄을 대비해 깊이 판 우물 같은 곳이었다. 나는 그 우물 벽에 전구를 던져 '펑'하는 소리를 듣고 싶었다. 맨발이나 고무신을 신고 다니던 시절, 유리 조각으로 발을 다치지 않을 가장 안전한 곳이라 생각했다.

우물 안 벽에 힘껏 던졌지만, 전구는 뒤 꽁지에 맞아 깨어지지 않고 그대로 우물 안 살얼음 위에 떨어졌다. 나는 조심스럽게 우물 안으로 들어갔다. 다시 건져 내 재시도를 해야겠다는 생각이었다.

순간, 미끈!
"첨벙!"

차가운 물이 온몸을 덮쳤다. 허우적거리던 중 겨드랑이에 무언가 걸렸다. 손가락 굵기의 가는 나뭇가지였다. 신기하게도 그것은 내가 그해 여름에 던졌던 나뭇가지였다. 물속으로 들어갔다가 솟구쳐 오르는 것을 보기 위해 던졌다가 우물 벽에 걸려 아쉬워했던, 바로 그 나뭇가지. 그것이 나를 살렸다. 간신히 우물 밖으로 나왔을 때, 어찌 아셨는지 이미 할머니는 사색이 된 얼굴로 달려오고 계셨다.

"어떻게 알고 오셨어요?"
훗날 여쭤보니 할머니는 이렇게 말씀하셨다.

"그냥 마음이 불안하더라. 갑자기 네가 걱정되어서 나와봤는데, 멀리 우물 속에서 네가 나오더구나."

우리는 보이지 않는 끈으로 연결되어 있었다. 할머니의 육감은 늘 나를 향해 있었고, 한시도 끊어지지 않고 있었다. 끝없이 베푸는 사랑, 끝없는 인내, 누군가를 온전히 받아들이는 마음. 할머니가 내게 남겨주신 것들이 얼마나 많은지. 그것들은 내 안에 씨앗처럼 남아 조금씩 성장하고 있었다.

2. 잃어버려도 괜찮아, 나의 영원한 예스맨 작은아버지

작은아버지의 손은 마법 같았다. 무엇이든 만들어낼 수 있는 손이었다.

"작은아버지, 연 만들어줘!"

내가 조르면 작은아버지는 웃으며 일어나셨다. 대나무를 깎고, 한지를 오려 붙이고, 실을 연결하는 그 과정을 지켜보는 것만으로도 신났다. 완성된 연은 동네에서 가장 높이, 가장 멀리 날았다. 꼬리에 달린 오색 천이 바람에 펄럭이는 모습이 지금도 눈에 선하다.

"작은아버지, 굴렁쇠!"

그러면 자전거 바퀴를 구해오셔서 굴렁쇠를 만들어주셨다. 쇠막대기로 만든 채까지 정성스럽게 다듬어주셨다. 굴렁쇠를 굴리며 동네를 뛰어다닐 때의 그 자유로움이란.

"작은아버지, 썰매 타고 싶어!"

철도청에 다니시는 삼촌께 부탁해 앵글 조각을 구해오셨다. 밤늦게까지 망치질하고 용접해서 날 썰매를 만들어주셨다. 굵은 철사를 구부려 만든 썰매와는 차원이 달랐다. 그 썰매는 얼음 위를 날듯이 달렸다.

날썰매는 정말 자주 잃어버렸다. 당시 날썰매는 아무나 가질 수 없는 명품이었기에, 이웃 동네 아이들이 훔쳐 가곤 했다. 정신없이 놀다 보면 어느새 썰매는 사라지고 없었다. 집에 와서 작은아버지께 고백했다.

"작은아버지... 썰매 또 잃어버렸어."

"그래? 재미있게 탔니?"
"응..."
"그럼 됐네. 내일 또 만들어줄게."

단 한 번도 화를 내신 적이 없었다. 다음 날이면 정말로 새 썰매가 마당에 놓여 있었다. 더 튼튼하게, 더 잘 달리도록 개량해서.

어찌 보면 당신의 자식보다 조카인 나를 더 끔찍이 사랑하시지 않았나 싶을 정도로, 작은아버지의 사랑은 무한했다. 그 사랑이 어린 나에게 있어서 늘 작은아버지의 손을 꼭 붙잡고 따라다니게 하는 동력이었다.

작은아버지와는 많은 시간을 함께했다. 논에 일하러 가실 때면 늘 나를 데리고 가셨다.

"저 벼가 익으면 우리가 먹는 쌀이 되는 거야."

작은아버지는 세상의 이치를 하나하나 가르쳐 주셨다. 씨앗이 싹이 되고, 싹이 열매를 맺는 과정. 땀 흘려 일하는 것의 가치. 그런 가르침들이 내 삶의 토대가 되었다.

작은아버지는 내가 중학교 2학년 때 간경화로 돌아가셨다. 집에서 요양하고 계시는 작은아버지를 보러 갔을 때, 그 튼튼하던 몸이 앙

상하게 마른 것을 보고 충격을 받았다. 처음엔 누구인지 알아보지 못했다. 하지만 나를 보며 울컥하시면서 눈물을 보이시는 모습에 작은아버지임을 알 수 있었다. 그 모습이 지금도 생생하다.

작은아버지가 떠나신 후 나는 깨달았다. 작은아버지가 내게 가르쳐주신 것은 무언가를 만드는 기술이 아니라, 사랑하는 방법이었다는 것을. 조건 없이 베푸는 사랑, 기다려주는 사랑, 실패를 용납하는 사랑.

그래서 지금도 나는 작은아버지의 아들, 내 사촌 동생을 각별히 아낀다. 작은아버지께 받은 사랑의 빚을 갚는 마음으로 더욱 끈끈하게 지내면서 생활하고 있다. 그리고 내 아이들에게도 그런 사랑을 주려고 노력한다. 한 번 실수했다고 야단치지 않는, 넘어져도 일으켜 세워주는, 작은아버지 같은 어른이 되려고.

3. 무뚝뚝한 사랑의 무게, 아버지

내가 세 살 때, 아버지와 어머니는 서울로 떠나셨다. 터를 잡기 위한 무작정 상경. 1970년대 많은 사람이 그랬듯이, 더 나은 삶을 위한 선택이었다. 어린 나에게 아버지의 부재는 크게 와닿지 않았다. 할머니가 계셨고, 작은아버지가 계셨으니까.

내가 7살 때 우리 가족은 서울 마포에서 모였다. 완전체로 모인 것이다. 나는 친가에 맡겨졌고 한 살 아래 여동생은 외갓집에 맡겨졌었다. 서로 어색한 관계로 시작했고 경쟁상대로 시작하게 되었다. 그러나 여동생이 오빠, 오빠 하며 잘 따른 덕에 점점 가까워지기 시작했다.

"이제부터는 함께 살자."

그 한마디가 전부였다. 하지만 그 안에 담긴 무게를 나는 나중에야 알게 되었다. 가족을 위해 혼자 견뎌낸 시간 들, 외로움, 그리움. 그 모든 것을 담은 한마디였다.

고등학교 3학년, 대학 입시를 앞두고 나는 폐결핵에 걸렸다. 교회 목사님 사택 리모델링으로 비어 있던 집에서 무작정 아령 운동을 하다가 생긴 일이었다. 처음엔 옆구리가 결리는 정도였는데, 점점 심해져서 피 섞인 가래까지 나왔다. 병원에 갔더니 늑막염을 제때 치료하지 않아 늑막유착에 의한 폐결핵으로 전이되었다고 했다.

그 당시 결핵은 국가에서 심각한 질병으로 지정하고 있었다. 1년 이상 약을 먹고 매일 주사를 맞아야 했다. 가족과도 격리되어야 했고, 수능 공부도 해야 하는 상황이었다.

그때 아버지가 말씀하셨다.
"내가 주사를 놔주겠다."

매일 저녁, 아버지는 퇴근 후 곧장 집으로 오셔서 내 엉덩이에 주사를 놓으셨다. 하루도 빠짐없이, 1년 동안.

"아프지? 조금만 참아라."

무뚝뚝한 말투였지만, 주사를 놓는 손길은 조심스러웠다. 될 수 있는 대로 아프지 않게 하려고 애쓰시는 게 느껴졌다. 그리고 대학 진학의 어려움으로 낙담하고 있을 아들의 눈치를 보며 하고 싶은 이야기도 마음대로 못 하셨던 그 마음. 그 깊이를 이제야 헤아릴 수 있을 것 같다.

지금 생각해 보면, 그 1년은 아버지에게도 희생의 시간이었다. 직장을 다니시는 아버지도 회식이 있었을 것이다. 동료들과의 모임도, 개인적인 약속들도 있었을 것이다. 하지만 아버지는 그 모든 것을 뒤로하고 매일 저녁 집에 계셨고 매일 새벽 교회에 가셔서 새벽기도를 하시는 것을 루틴으로 만드셨다.

‖2부: 세상 속에서 나를 이끌어준 인연
4. 새로운 길을 열어준 이름, 장기호 선배

29살이라는 다소 늦은 나이에 서울교통공사에 승무원으로 입사했다. 평소 기도하던 대로였다. 돈을 많이 버는 직업보다는 다른 이들을 이롭게 하는 직업을 갖게 해달라고. 많은 사람을 목적지까지 안전하게 데려다주는 이 직업이 바로 그 기도의 응답이라고 생각했다.

처음엔 정말 기뻤다. 감사했고, 행복했다. 일을 대하는 마음도 성실했고, 최선을 다하고자 하는 마음으로 가득했다.

하지만 한 해, 두 해 지나면서 그 기쁨과 감사는 희미해졌다. 회사 측의 입장에 불만을 가지고 노동조합 측에 뜻을 같이하며 강성 조합원의 이미지를 공고히 하게 되었다. 그러다 보니 근무평점은 항상 밑바닥을 맴돌 뿐이었다.

그렇게 기관사로서 20여 년을 보내고 있을 때, 어느 날 문득 생각했다.

'좀 다른 일을 하면서 다른 삶을 살아보면 어떨까?'

본사에 있는 관제센터에 대해 알아보기 시작했다. 현장이 아닌 사무실에서, 전체 열차 운행을 관리하는 일. 뭔가 다른 세계 같았다. 하지만 현실의 벽은 높았다. 관제센터에 가려면 근무평점이 상위 5% 안에 들어야 했다. 늘 하위권을 맴도는 내게는 불가능한 일처럼 보였다. 그때 장기호 선배가 다가왔다.

"자네, 요즘 뭔가 고민이 있는 것 같은데?"
"아, 선배님... 관제 센터에 가고 싶은데 근무평점이..."
"음, 그럼 승무소 내 학습동아리를 만들어서 운영해 보는 게 어때? 마침 적임자를 찾고 있었는데..."

장기호 선배는 구체적인 계획을 제시했다.

"업무의 효율화와 안전을 위한 아이디어를 도출해 내고, 회사 차원의 대회도 나가서 입상하면 승무소의 위상도 높이고 자네 평점도 올릴 수 있을 거야."

반신반의하면서도 해볼 만하다고 생각했다. 나는 몇몇 후배들을 선정해서 함께 연구회를 만들어 학습동아리를 운영해 나갔다.

새로 들여오는 전동차의 구조와 고장 내역, 고장 조치 등을 매뉴얼화 해서 배포했다. 설문지를 돌려 직원들의 노하우를 공유하도록 노력을 기울였다. 이런 일련의 과정들을 PPT로 만들어 학습동아리 대회 때 프레젠테이션으로 발표를 해서 은상을 받기도 했다.

발표를 마치고 돌아온 날, 장기호 선배가 웃으며 다가왔다.

"잘했네! 이 일로 근무평점이 올랐으니 관제 센터에 지원해 보게."
"정말요? 하지만 제가 될까요?"

"밑져야 본전이라는 생각으로 신청해 봐. 자네는 충분한 자격이 있어."

선배의 격려에 용기를 얻어 지원했고, 다행스럽게 통과가 되었다. 이후 관제 교육을 받으면서 최우등상을 수상하게 되었고, 제일 먼저 관제센터로 발령을 받게 되었다.

만약 그 선배가 아니었다면 나는 관제사라는 일에 대해 전혀 몰랐을 것이고, 기관사로 사는 삶으로만 만족해야 하지 않았을까. 또 다른 삶을 살게 해준 장기호 선배에게 지금도 감사의 인사를 드린다.

5. 우연한 만남이 바꾼 인생

대학에서 토목공학을 전공했지만, 1년간의 직장 생활을 통해 알게 된 현실은 녹록지 않았다. 평생 지방으로 떠돌아다녀야 하는 직업. 계속 전공을 살려야 하나, 다른 직업을 찾아봐야 하나 고민하던 시절이었다.

그때 나는 아르바이트로 월급쟁이 속셈학원 원장으로 근무하고 있었다. 안정적이긴 했지만 뭔가 아쉬운, 그런 시간이었다. 어느 날 대학 동창 김영호에게서 전화가 왔다.

"야, 나 너희 학원으로 놀러 가도 돼?"
"그래, 언제든지 와."

졸업 후 다른 직장을 다니면서 만나지 못했는데, 우연히 연락되어 만나게 되었다.

"요즘 어디 다니냐?"
"철도청. 전공 포기하고 들어갔어."

순간 부러운 마음이 들었다. 나는 이렇게 고민하고 있는데, 이 친구는 벌써 결정하고 안전한 직장을 준비했구나. 하지만 뒤이어 나온 이야기는 의외였다.

"근데 나 거기 그만둘 거야."
"왜? 좋은 직장인데."
"직장은 좋은데 부서가 마음에 안 들어. 보선 원인데, 쇠망치 들고 다니면서 선로를 점검하고 보수하는 일이야. 내 체력으로는 못 버틸 것 같아."

그리고 덧붙였다.

"다음 달에 서울교통공사 승무원 시험이 있는데, 도전해 볼까 해. 너도 같이 볼래?"
그 순간 나는 큰 월척을 낚은 심정, 소망의 빛을 본 느낌이었다.

"나도 시험 치고 싶다!"

한 달 남짓밖에 시간이 없었지만, 꼭 이번이 아니더라도 내년을 기약하며 준비하면 된다고 생각했다. 그날 바로 사표를 쓰고 다음 날부터 도서관에 틀어박혀 공부에 전념했다. 과목을 보니 마침 내가 그동안 다른 자격증 획득을 위해 공부했던 과목과 겹치는 것도 있어서 해볼만했다.

발표하는 날, 그 친구와 나는 나란히 합격자 명단에 올라가 있었다. 또한 같은 승무소에 발령받아 20년을 함께 근무하며 우정을 쌓아갔다.

그날의 만남이 없었다면 나의 삶은 많이 달라져 있을 것이다. 누구를 언제 어디서 어떻게 만나느냐에 따라 인생의 선택이 달라지고 삶의 모습이 바뀐다는 것을 체감하는 사건이었다.

3부: 삶의 가장 가까운 가르침

6. 어둠 속에서 나를 건져 올린 기도, 나의 아내

나는 모태신앙이다. 할머니가 성공회 신자였기에 날 때부터 할머니를 따라 시골에서 1시간을 걸어가야 하는 곳에 있는 성공회를 다녀야 했다. 서울로 와서는 기독교로 개종하신 부모님을 따라 교회에 나가게 되었다.

그저 부모님의 뜻에 따라 교회를 다녔고, 그것이 내 삶의 일부분이라고 생각하고 성실하게 다녔다. 하지만 진정한 신앙인으로서는 영적 체험도 경험도 부족했다.

그러던 어느 날 금요 철야예배가 있는 날이었다. 아내는 그 시간에 갑자기 시댁을 가자고 했다.

"여보, 우리 시댁에 가요."
"지금? 금요 철야예배가 있는데..."
"꼭 가야 해요. 뭔가 마음이 불안해요."

평소 같으면 좋다고 갔겠지만, 그때 나는 찬양팀의 일원으로 봉사하고 있었다. 예배를 빠지고 시댁에 간다는 것은 무책임한 행동이라 생각했다. 그럼에도 불구하고 아내가 극구 우기는 바람에 투

덜거리며 가게 되었다. 가서 보니 아버지가 심적으로 많이 힘들어 하셨다. 우리는 아버지의 하소연을 다 들어드리고 마음을 달래드리고 나서 집으로 돌아왔다.

집 옆 교회에 도착했을 때, 뭔가 이상했다. 경찰차가 와 있고 입구가 어수선해 보였다. 아내를 먼저 집으로 보내고 교회로 갔더니, 한 청년 간사가 지역에 사는 한 여고생을 때렸다는 것이었다. 교회 근처에서 담배를 피운다는 이유로. 그 일로 경찰이 왔고, 결국 그 간사와 전도사님이 경찰차를 타고 갔다. 교회 본당에 가보니 한 여자 청년이 기도하다 악한 영이 들려 침을 뱉으면서 이상한 말을 하고 있었다.

그 청년을 위해 기도하는 중에 나에게도 이상한 느낌이 왔다. 마치 등 뒤에서 다른 영적인 존재가 들어오는 것이 느껴지면서 식은땀이 나고 호흡이 가빠지며 정신이 아득해졌다.

두려움이 마치 커다란 파도처럼 나를 덮었다. 평생 처음 느껴보는 경험이었다. 그 무렵 근무 중 젊은 여자가 내가 운전하는 열차로 뛰어드는 일로 사망 사고가 있어 엎친 데 덮친 격이었다. 이후 나의 삶은 두려움으로 가득한 삶이 이어졌다. 언제 또다시 등 뒤에서 그 존재가 들어올지 모른다는 생각 때문이었다.

출근할 때 지하철이 들어오면 나는 등을 돌리고 서 있었다. 열차로 뛰어들고 싶은 충동을 강하게 느꼈기 때문이다. 그때는 스크린 도어가 설치되기 전이었다.

처음에는 몰랐는데 나중에 이것이 공황장애라는 질병이라는 것을 알았다. 혼자 앞 운전실에 기관사로서 앉아 운전할 때 그 두려움은 극에 달했다. 간신히 버티며 근무를 이어가고 있었다. 매일이 지옥 같았다. 언제 쓰러질지, 언제 사고를 낼지 모른다는 불안감에 시달렸다.

그때 나의 아내는 나를 위해 기도하기 시작했다. 아내는 시골에서 살면서 어릴 때부터 이런 영적인 일들을 많이 경험했기 때문에 이것이 어떤 것인지 분명히 알고 있었다.
"여보, 이건 영적인 문제야. 기도해야 해."
"기도한다고 나아질까?"
"하나님이 고쳐주실 거야. 믿어."

아내는 밤낮없이 기도했다. 새벽기도, 금식기도, 철야기도. 내가 일하러 가면 하루 종일 나를 위해 기도했다.

"하나님, 제 남편을 고쳐주세요. 이 두려움에서 벗어나게 해주세요."

나도 함께 기도했지만, 솔직히 믿음이 없었다. 그저 죽고 싶다는 생각뿐이었다. 약 2개월의 시간이 지난 어느 금요 철야예배 시간.

그날도 나는 두려움에 떨며 기도하고 있었다. 아내와 어느 권사님과 집사님이 나의 양옆과 뒤에서 함께 중보기도를 해주고 계셨다. 아마도 아내가 부탁했을 것이다.

찬양을 부르고 광고를 하고 말씀을 전하는 시간에도 우리의 기도는 멈추지 않았다. 나는 울부짖으며 기도했다.

"제발 이 두려움의 굴레에서 벗어나게 해주세요. 마음의 평안을 허락해 주세요. 아니면 그냥 하늘로 데려가 주세요."

그 순간, 가슴 깊은 곳에서 밀려오는 뜨거움을 느꼈다. 온몸이 뜨거워지고 나도 모르게 눈물로 범벅이 되었다. 지금까지 내가 생각지도 못했던 잘못들이 생각났다. 그것이 얼마나 상대의 마음을 아프게 했는지, 하나님의 마음을 아프게 했는지 절절하게 느끼면서 눈물로 가슴을 치며 회개하기 시작했다.

어느덧 2시간의 시간이 흘렀고, 그 과정에서 방언이라는 것도 받았고, 지금껏 짓눌렸던 마음의 평안도 찾을 수 있었다. 2개월여 동안 밤낮없이 기도했던 아내의 기도가 결실을 보는 순간이었다.

아내의 기도가 없었다면, 나의 상태를 이해하고 함께 해준 아내가 없었다면, 나는 이 고난의 시간을 이겨내지 못했으리라 생각한다. 지금도 그때를 생각하면 아내에게 미안하고 감사하다. 가장 힘든 시간에 곁에서 포기하지 않고 끝까지 붙잡아준 사람. 그것이 진정한 사랑이 아닐까.

에필로그: 그들이 내게 남긴 것, 그리고 내가 살아갈 길

나의 삶에 있어 많은 만남이 있었고 거미줄 같은 관계로 연결되어 있지만, 나에게 영향을 준 사람들을 모두 기억해 내기란 여간 어려운 일이 아니다. 하지만 이 글을 쓰면서 깨달았다. 나의 인격과 나의 나 됨은 내가 만났던 많은 분의 영향력으로 이루어져 있었음을.

할머니는 나에게 무조건적인 사랑을 가르쳐 주셨다. 비 맞으며 뛰어다녀도, 흙탕물이 되어도 괜찮다고. 그 사랑 덕분에 나는 자유로운 영혼으로 자랄 수 있었다.

작은아버지는 인내와 관용을 보여주셨다. 아무리 실수해도, 아무리 실패해도 괜찮다고. 내일 다시 시작하면 된다고. 그 믿음이 나를 포기하지 않는 사람으로 만들었다.

아버지는 책임과 헌신을 몸소 보여주셨다. 말없이, 묵묵히, 1년 동안 매일 주사를 놓으며. 그 희생이 무엇인지 가르쳐주셨다.

장기호 선배는 새로운 가능성을 열어주셨다. 포기하지 말고 도전하라고, 너에게도 기회가 있다고. 그 격려가 나를 다른 삶으로 인도했다.

김영호 친구는 우연한 만남의 소중함을 일깨워주었다. 때로는 우연처럼 보이는 만남이 인생을 바꿀 수 있다는 것을.

그리고 아내는 믿음의 힘을 보여주었다. 어둠 속에서도 빛을 믿고, 절망 속에서도 희망을 품는 것. 그 기도가 나를 살렸다.

이제 나도 누군가에게 그런 사람이 되고 싶다. 누군가의 할머니처럼, 작은아버지처럼, 아버지처럼, 선배처럼, 친구처럼, 그리고 아내처럼.

누군가를 살게 하는 사람.

그것이 내가 받은 사랑에 대한 보답이고, 내가 살아갈 이유이며, 내가 걸어갈 길이다. 우리는 모두 누군가의 은혜 속에서 살아간다. 그리고 우리도 누군가에게 은혜가 될 수 있다. 그것이 인생의 아름다움이 아닐까.

"성공은 혼자 달성할 수 없으며, 협력과 신뢰 위에서만 가능하다."

— 알버트 슈바이처

5장

둘째인데 첫째처럼

김은정 지음

김은정

❏ 소개
1. 인권센터 연구원
2. 대한웰다잉협회 엔딩플랜 상담사
3. 킴스이고그랜 전문 강사
4. MBTI 전문 강사

❏ 저서
1. 아버지와 사모예드 / 유페이퍼, 2025
2. 아버지를 보내드리고 만난 웰다잉 / 유페이퍼, 2025
3. 내 삶을 다시 쓰는 중입니다 / 봄날의 책방, 2025

❏ 연락처
- E-mail : gelrabi@hanmail.net

둘째인데, 첫째처럼

✦✦✦✦✦

1. 움직이는 계단

　태어날 때부터 나는 둘째 딸이었다. 그래서인지 엄마와 아빠는 나의 부모님이기보다 언니의 부모님이었다. 친척들과 동네 이웃들 모두 언니 이름을 붙여 'OO 엄마', 'OO 아빠'라고 불렸기 때문이다. 그때 언니와 떨어져 살았던 나는 그 호칭들이 도무지 이해되지 않았다.

　일곱 살이 되어서야 그 이유를 이해할 수 있었다. 언니가 먼저 태어났기 때문에 언니의 이름을 따서 엄마, 아빠를 부르는 것이었다. 그래도 나는 동네 아주머니들과 친척들에게 내 이름을 붙여 '은정이 엄마', '은정이 아빠'라고 불러 달라고 떼를 쓰기도 했었다. 하지만 여전히 엄마와 아빠는 언니의 엄마, 아빠였다.

　언니에 이어 내가 또 딸이어서 할머니는 무척 서운해하셨다고 한다. 나는 어릴 때 너무 많이 울어 엄마가 힘들어하셨단다. 그래서인지는 큰고모님은 순하고 얌전했던 언니를 데려다 키워 주셨다.

큰고모님은 자영업으로 바쁜 엄마를 돕기 위해 언니를 데려가셨지만, 나는 어린 시절 내내 쓸쓸했다. 바쁜 엄마와 엄한 아빠 사이에서 혼자 보내는 시간이 많았기 때문이다. 혼자 TV를 보며 시간을 보내다 보니 눈이 많이 나빠졌다. 국민학교에 들어가서는 칠판의 글씨가 보이지 않아 안경을 써야만 했다.

초등학교 2학년 때부터 아빠는 1년에 두 번씩 나를 데리고 시외버스를 타고 대전에 가셨다. 시력이 좋지 않은 나를 위해 안과 진료를 받게 하고 안경을 맞추러 가는 길이었다. 언니의 아빠로 불리던 아빠가 오롯이 나만의 아빠가 되는 소중한 시간이었다.

대전으로 향하는 버스 안에서는 아빠의 무릎을 베고 잠이 들곤 했다. 병원 진료를 마치고는 안경을 맞추러 갔다. 내 생애 가장 힘든 결정이 시작되는 순간이었다. 안경을 맞추러 가면 안경에 알을 끼워 주시면서 "이것이 잘 보여요? 아니면 이것이 잘 보여요?"라고 알을 번갈아 끼워 주시며 물어보신다. 그때 나는 그 질문에 답을 하는 것이 너무 어려웠던 기억이 난다.

그렇게 힘든 결정을 하고 나면 아빠는 맛있는 걸 많이 사 주셨다. 햄버거와 전기구이 통닭을 사 와서 엄마와 동생들과 맛있게 먹었던 기억이 난다. 나는 그때 처음으로 동양백화점에 가서 신기한 광경을 보았다. 계단이 스스로 움직이는 게 아닌가? 에스컬레이터였다. 나는 집으로 돌아와 동생들에게 엄청나게 자랑을 한 기억이 난다. 나의 눈이 나빠서 얻게 된 특별한 경험이었지만, 동생들은 그런 나를 부러워했었다. 비록 병원 가는 길이었지만, 아빠와 나만의 둘만의 여행이기도 했다.

하늘에 계신 아빠께

"바쁜 일상을 제쳐두고 저와 함께했던 대전 안과 진료는 제게 무엇과도 바꿀 수 없는 멋진 여행이었어요. 제가 눈이 나쁜 것 안타까워하시며 주셨던 아빠의 사랑, 정말 감사했어요. 아빠가 주신 사랑만큼은 아니겠지만, 저도 제 아이들에게 그 사랑을 전해주려고 노력하고 있어요. 그곳에서 평안하고 행복하세요"

〈 1980년 11월 24일자 대전일보 8면 하단 사진〉
사진출처: https://www.daejonilbo.com/news/articleView.html?idxno=1394806

2. 터를 팔아 사랑으로

엄마는 동생을 임신하고 너무 입덧이 심해 아무것도 먹지를 못하셨다고 한다. 엄마가 너무 힘드신 것을 곁에서 지켜보시던 어느 날, 아빠가 동생을 지우러 가라고 하셨단다. 그렇게 간신히 병원에 가서 수술하려고 하면, 의사 선생님이 아빠에게 수술해도 되는지 다시 확인하신다고 전화하셨다고 한다. 그러면 아빠는 "그냥 보내 주세요"라고 하셨단다. 엄마는 힘겹게 10달 동안 동생을 건강하게 키우셨다고 한다.

내가 가진 첫 기억은 남동생이 태어나던 날이다. 남동생과 세 살 터울이니 나는 네 살쯤이었던 것 같다. 할머니 댁 안방에서 엄마는 진통 중이셨고, 의사 선생님이 출산을 돕고 계셨다. 나는 대청마루에서 방문에 달린 작은 유리창을 통해 엄마의 출산 과정을 지켜볼 수 있었다.

"응애~" 하는 울음소리와 함께 아기가 태어났다. 틀림없는 아들이라고 확인이라도 하듯이 갓 태어난 아기는 의사 선생님에게 오줌을 쌌다고 한다, 할머니와 큰어머님은 놀라면서도 눈물을 흘리며 기뻐하셨단다. 남동생이 생기는 순간이었다. 둘째 딸도 서러운데 남동생까지 생겼으니 이제 더 찬밥이 되는가 싶었다.

하지만 할머니는 남동생이 태어난 후에 오히려 나를 더 예뻐해 주셨다고 한다, 내가 남동생에게 터를 잘 물려준 덕이라고 나를 기특하게 여겨주셨기 때문이다. 역시 우리 할머니 최고다!

동생을 살려주시고 동생을 받아주신 의사 선생님께

"선생님, 엄마가 수술을 하러 가셨을 때, 다시 한번 아빠에게 물어봐 주셔서 제가 남동생을 볼 수 있었어요. 그 신중함에 정말 감사드려요."

하늘에 계신 할머니께

"할머니, 저를 예뻐해 주셔서 정말 감사합니다. 할머니가 주신 사랑 덕분에 제가 잘 자라서, 이제 그 사랑을 다른 사람들에게 잘 나누고 있어요"

남동생을 낳아주신 엄마에게

"엄마, 저를 키우는 것도 힘드셨을 텐데, 심한 입덧도 참으시며 남동생을 낳아주셔서 정말 감사해요. 덕분에 제가 할머니께 더 많이 사랑을 받으며 자랐네요"

나의 남동생에게

"나의 터에서 잘 자라고, 내 동생으로 태어나줘서 고마워! 네 덕에 할머니께 넘치는 사랑을 받으며 자랄 수 있었단다."

3. 모래 전쟁

우리 집 대문은 골목 쪽으로 나 있었다. 대문을 열고 나가면 사람들이 다니는 골목이었다. 그 골목은 꽤 길어서 깊이 들어가면 혼자 놀기에 꽤 넓고 평화로운 곳이었다. 내가 유치원에 가기 전까지 그 골목은 나만의 전용 놀이터였다. 골목에 핀 작은 풀을 뜯어 혼자 소꿉장난도 하고 모래놀이도 하며 놀았다. 그러던 어느 날, 내 놀이터에 키가 크고 머리가 긴 여자아이가 나타났다. 나의 첫 경쟁자였다.

그 아이는 내가 가지고 놀던 모래를 갑자기 빼앗아 갔다, 내 공간에 들어온 것도 모자라, 내 모래까지 뺏어 가다니 너무 화가 났다. 나도 다시 빼앗아 왔다. 그 아이도 순순히 당하지만은 않았다, 모래를 던지고 머리카락을 잡으며 싸움은 점점 커졌다. 아마 내 평생 가장 격렬하게 싸운 일이었을 것이다. 골목에서 싸우며 우는 소리를 들으신 엄마들이 나와서 우리를 말리셨다.

그 아이는 우리 옆집에 살고 있었고, 여동생 둘과 남동생 둘이 있는 맏이로 나와 동갑이었다. 그 친구는 맏딸이라 늘 관심과 사랑을 받았다. 아침마다 나는 준비를 마치고 친구네 집으로 향했다. 내가 친구 집에 가면 그 친구는 아직도 채비를 끝내지 못하고 있었다. 아버지가 정성스럽게 머리를 빗어 묶어주셨고, 어머니는 밥을 먹여 주고 계셨다. 나는 언제나 그 시간이 끝날 때까지 기다렸다가 함께 유치원에 가곤 했다.

　나는 어머니가 바쁘셔서 머리를 빗겨 주실 시간도 없었지만, 짧은 머리라 빗거나 묶을 게 없었다. 언제나 짧은 머리였던 나는 엄마에게 머리를 길러 묶어 달라고 조른 적이 있었다. 엄마는
　"예쁜 사람은 머리가 짧아도 예쁘단다. 강수연 봐라, 머리를 다 밀어도 예쁘지 않니?"라고 하셨다. 정말 강수연 배우는 머리를 다 밀어도 예뻤다!!!

　그 뒤로 우리는 중학교까지 단짝으로 지냈다. 고등학교부터는 다른 학교였지만 집이 가까워서 항상 연락하며 지냈다. 그 친구가 없었더라면 나는 아주 외롭게 유치원을 다녔을 것이다. 나에게는 부러운 친구였지만, 그 친구 덕분에 나의 유년 시절은 즐겁고 행복한 기억으로 가득 찼다.

나의 첫 친구에게

　"친구야 네가 그 골목에 나타나 줘서 정말 고마웠어. 네 덕분에 내가 더 이상 외롭지 않았단다. 모래를 던지며 싸웠지만, 네 덕분에 내 인생에 '친구'라는 소중한 단어가 생긴 것 같아. 너는 보라색이 잘 어울리는 부러운 나의 첫 친구였단다. 우리들의 아름다운 추억들을 잘 간직하고, 앞으로 우리 우정을 잘 쌓으며 행복하게 지내자"

4. 뽀드득, 뽀드득

사진출처:
https://namu.wiki/w/%EB%AA%BB%EB%82%9C%EC%9D%B4%EC%9D%B8%ED%98%95

나는 둘째 딸이지만 큰딸처럼 자랐다. 언니가 큰고모님 댁에 가서 살았기 때문에 집에서 내가 큰딸 역할을 해야 했다. 부모님이 자영업을 하셔서 집안일이 항상 많았고, 남동생이 두 명이나 있어 늘 정신없는 환경이었다.

그런 환경에는 누가 가르쳐주기보다 시키는 일을 하면서 스스로 알아가는 것이 자연스러웠다. 나는 어머니를 돕다가 설거지하는 방법을 익혔고, 언니가 사는 큰고모님 댁에 가서 청소하는 법도 배운 것 같다.

일찍 홀로 되신 큰고모님은 무척 깔끔한 성격이었다. 그 시절, 큰고모님은 포목점(한복 천을 파는 곳)을 운영하셨는데, 가게에는 커다란 유리 진열장이 있었다. 그 진열장 안에는 고운 색의 비단 천들이 가득했다. 나의 한복은 없었지만, 그 비단들을 보면서 마치 백제의 공주라도 된 듯한 기분을 느끼곤 했다.

2층은 사촌 언니가 지내는 공간이었다. 언니 방에는 피아노가 있었고, 거실에는 멋진 장식장이 놓여 있었다. 피아노 위에는 못난이 삼형제가 놓여 있었고, 장식장 안에는 예쁜 유리그릇과 신기한 모양의 컵들도 있었다. 그때 나는 자라서 꼭 이런 방을 갖고 싶다는 꿈을 키웠다.

나는 부자 냄새가 나는 큰고모님 댁에 가는 것을 좋아했다. 그곳에서 사는 언니가 부럽기도 했지만, 언니를 만날 수 있어서 마냥 좋았다. 나중에야 그 부자 냄새가 불고기 양념 냄새였다는 것을 알게 되었다. 큰고모님의 하나뿐인 딸인 사촌 언니가 몸이 약해 좋은 음식들이 늘 가득했기 때문이다.

몸이 약한 자기 딸을 보다가, 튼튼한 나와 언니를 보시면 큰고모님은 금세 기운을 차리시는 듯했다. 얼굴도 환해지시고 목소리도 커지셨다. 그리고 청소를 시키셨다. 깨끗한 걸레가 더러워질 때까지 집 안 구석구석을 찾아 닦는 것이 언니와 나의 임무였다.

가게 유리 진열장 청소도 했다. 깨끗하게 빤 물걸레로 유리를 닦은 다음, 부드럽게 뭉친 신문지로 닦아내면 '뽀드득' 소리가 나면서 아주 깨끗하고 맑은 유리창이 되었다. 그때는 어린 마음에 고모가 무섭기도 하고 청소가 힘들기도 했지만. 지금 돌이켜 보면 고모님께 청소하는 법을 배운 것이 정말 감사하다.

하늘에 계신 깔끔한 큰고모님께
"늘 바쁘신 엄마를 대신해 청소하는 법과 유리창 닦는 법을 알려주셔서 정말 감사해요. 고모님 덕분에 저는 청소를 잘하는 그리고 유리창을 깨끗하게 닦을 줄 아는 어른이 되었어요."

5. 나의 국민학교

나는 국민학교를 다녔다. 너무 오래전 이야기 같지만, 명칭이 바뀐 것은 1996년 3월 1일이다. '국민학교'라는 이름은 1941년 일본제국주의가 '황국신민화' 정책의 하나로 만든 것이다. 한국의 정체성을 되찾기 위해 명칭 변경이 필요하다는 목소리가 커졌고, 1995년 광복 50주년을 기념해 일제 잔재를 청산하자는 의미로 공식 발표되었다. 그리고 그해 12월 29일 교육법 개정을 통해 최종되었다.

내가 다녔던 국민학교는 교육대학 부속이라서 좀 특별했다. 매 학기 교생 선생님들이 오셨는데, 정이 많이 들어 헤어질 때마다 교실이 매번 울음바다가 되곤 했다. 다른 학교에서는 경험할 수 없는 특별한 교과서로 공부하는 특혜도 누릴 수 있었다.

4학년 때는 급식 시범학교가 되었다. 더 이상 도시락을 싸지 않아도 된다며 엄마는 무척 기뻐하셨던 기억이 난다. 새로운 것을 많이 시도하는 학교 덕분에 다양한 경험을 할 수 있었다.

나는 학교에 내 땅이 있었다. 전교생에게 학교 전체를 똑같은 크기로 나누어 주고 자기 땅을 가꾸고 지키는 '내 땅 내가 지키기' 프로그램 덕분이다. 일주일에 한 번씩 돌아오는 내 땅을 돌보는 시간이면, 모든 학생이 자기 땅에 가서 청소도 하고 예쁘게 꾸미기도 했다. 그때까지 집에 나만의 공간이 없었던 나는 그 땅에 더욱 애정을 쏟았는지 모른다. 그때만큼은 학교가 진짜 나만의 공간처럼 느껴졌다.

나는 그때 '주인의식'을 몸으로 실천하며 배웠다. 내 소유의 학교는 아니지만, 내 땅을 가지고 학교에 다녔기 때문에 학교에 대한 애정이 더 커졌다. 국민학교 시절의 그 경험이 나의 주인의식과 책임감의 뿌리라는 생각이 든다. 그 뿌리는 지금도 튼튼하게 자라고 있다. 나는 어떤 위치에 있어도, 내가 속해 있는 곳을 더욱 풍성하고 행복하게 만들려고 노력한다.

공주 교육대학 부속 국민학교 교장 선생님께

"교장 선생님, 제가 다닐 때 좋은 교육을 해 주셔서 정말 감사합니다. 그 덕분에 저는 주인의식을 몸으로 기억하게 되었습니다. 앞으로도 제가 속한 곳에서 주인의식과 책임감 가지고 제 역할을 다 하겠습니다."

사진출처 :
http://www.gknews.co.kr/news/articleView.html?idxno=19035

6. 큰집 작은방에서

아버지는 6남매 중 막내로 태어나셨다. 친할아버지는 일찍 돌아가셔서 아버지께서도 할아버지에 대한 기억이 별로 없으셨다고 한다. 아버지의 첫째 형인 큰아버지에게는 딸이 한 분 계셨는데, 아버지와 나이 차이가 얼마 나지 않는다고 하셨다, 할머니와 첫째 큰어머니께서 비슷한 시기에 아기를 낳으신 거다.

우리 가족은 할머니가 살고 계셨던 집을 '큰집'이라고 불렀다. 넓은 마당과 정원, 사랑채까지 있는 정말 큰집이었다. 대문 옆 큰 개집에는 무서운 개가 집을 지키고 있었다. 넓은 대청마루와 뒤뜰까지 큰집에 가면 얼마든지 뛰어놀 수 있었다. 할머니와 큰아버지가 돌아가신 뒤에는 첫째 큰어머니께서 사촌 언니네 가족과 함께 살고 계셨다. (큰집 터에서 보존 가치가 있는 문화재가 나와 지금은 "대통사 쉼터"가 되었다)

사진출처:
http://www.ebaekje.co.kr/news/articleView.html?idxno=119237

국민학교 5학년쯤, 우리가 살집이 새로 지어지는 동안 큰집에서 살게 되었다. 어머니, 아버지, 나, 남동생 둘이 큰집의 뒤쪽 작은 방에서 지내게 되었다. 모두 10명이 살게 된 것이다. 거의 1년 정도를 살았던 것 같다. 10명의 식사를 준비하고 빨래를 하는 등 큰어머니와 사촌 언니께서 집안일을 도맡아 하셨는데 정말 힘드셨을 것이다.

지금은 세탁기가 흔하지만, 그 시절은 짤순이만 있어도 감사했던 때였다. 사촌 언니가 아침에 일찍 일어나 커다란 대야에 빨래를 비벼 빨면, 나는 사촌 언니 딸과 함께 물을 받아 헹구고, 물이 깨끗해질 때까지 반복했다. 그렇게 헹군 빨래를 짤순이에 짜서 마당의 빨랫줄에 잘 널어준다. 빨리 끝내고 학교에 가고 싶던 마음에 짜증이 나기도 했었다.

결혼해서 빨래하다 문득 그때 생각이 났다. 우리 어머니께서는 아침에 일찍 나가셔서 밤늦게 들어오시니 집안일 할 시간이 없으셨을 거다. 만약 지금 우리 집에 다른 식구들이 와서 함께 지낸다면 얼마나 불편하고 손이 많이 갈지 머리가 아팠다. 어린 시절의 짜증이 미안함으로 변하는 순간이었다.

큰어머니께

"큰어머니, 그때 많이 힘드셨을 텐데 저희 식구들 밥까지 다 챙겨 주셔서 정말 감사드려요. 덕분에 편안히 살았어요."

사촌 언니께

"사촌 언니, 저희 식구들 빨래까지 하느라 정말 고생 많으셨어요. 그때 언니 덕분에 빨래하는 법을 배우고, 빨래하며 느끼는 상쾌한 기분까지 알게 되었네요. 정말 고마워요"

공주시 문화재 담당자님께

"할머니가 사시던 터를 '대통사 쉼터'로 만들어 주셔서 정말 감사해요. 언제든지 할머니가 생각나면 쉼터로 달려갈 수 있게 되었어요. 또 대대로 이 이야기를 전할 수 있게 되어서 감사해요."

7. 껌 씹던 갤러그~

나는 고등학교를 졸업할 때까지 오락실에 가본 적이 없었다. 하지만 대학교에 들어가서는 오락실에 자주 갔다. 나는 공주에서 대전으로 대학교에 다니면서 많은 변화가 생겼다. 아마 그때는 나 자신을 잘 몰라 다른 사람처럼 보이려고 노력했던 것 같다.

입학 후, 나와 비슷한 동기 여학생이 있었다. '저 친구랑 너무 비슷하면 내가 눈에 띄지 않겠는데? 라는 생각이 들었다. 그때부터 나는 나의 색을 바꾸기로 결심했다. 어떤 마음이 나를 그렇게 하게 했는지 지금도 생각하면 웃음이 난다.

나는 털털하고 좀 놀 줄 아는 학생처럼 보이려고 껌까지 씹고 다녔다. 아마 평생 씹을 껌을 대학교 1학년 때 모두 씹었다. 그래서인지 지금은 껌을 안 좋아한다. 오락실을 자주 가서 잘하는 것처럼 보이려고 열심히 오락실에서 게임 했었다. 그 시절 오락실에는 '갤러그', '1942'라는 게임들이 유행하고 있었다. 그중에서 나는 특히 '갤러그' 잘해서 별명이 '갤러그'였다.

놀아본 적 없던 내가 생각한 '노는 학생'의 모습은 껌을 씹고, 오락실에 가는 것이었다. 그리고 또 한 가지 재미있는 아재 개그를 외워서 선배들과 농담을 주고받는 것이었다. 하지만 나는 고지식한 아버지께 옷은 단정히 입어야 한다고 배워 항상 옷을 깔끔하게 다려 입고 단정하게 학교에 갔었다.

지금 생각해 보면 나는 선배들에게 참 재미있는 후배였을 거다. 옷은 모범생처럼 단정히 입고, 껌을 씹으며 갤러그를 하며 농담하는 신입생이라니. 누가 봐도 어울리지 않는 모습이었을 것이다. 그래도 선배님들이 신입생인 나를 많이 도와주시고 예뻐해 주셔서 무서웠던 대학 생활을 잘 이겨내고 4년 동안 무사히 다닐 수 있었다.

선배님들께

"단정한 옷차림에 껌을 씹으며 오락실에 가자고 했던 엉뚱한 후배를 놀리지 않고 존중해 주셔서 감사해요. 선배님들의 따뜻한 배려 덕분에 겁났던 신입생 시절을 잘 보낼 수 있었어요. 다시 한번 진심으로 감사드려요"

에필로그

나는 어린 시절부터의 작고 소중한 감사를 찾게 되었다. 첫 친구, 남동생의 첫 기억 등을 떠올리는 좋은 시간이었다. 이렇게 순간순간을 회상하며 글을 써보니 유리창을 닦아내듯 지나온 시간이 깨끗해지고 행복해지는 순간이었다.

"위대한 일은 혼자가 아니라 팀으로 이루어진다."
- 스티브 잡스

6장

나를 품어준 공간과 사람들

최일선 지음

최일선

❑ 소개
1. 2016년 기아 정년퇴직
2. 광주광역시 광산구 노사민정협의회 사무국장(2017.3~2020.6)
3. 광주광역시 상생 일자리 재단 설립추진단 팀장(2020.7~2022.1)
4. 대한웰다잉협회 광주광역시 광산구 지회장
5. 대한웰다잉협회 웰다잉 전문 강사,
6. 노사발전재단 생애 경력설계 전문 강사
7. 미래세대 연구소 청소년 진로 교육 전문 강사

❑ 저서
밥 한 덩이의 일(ohk, 2022)

❑ 연락처
이메일: c1skia@hanmail.net

나를 품어준 공간과 사람들

✦✦✦✦✦

창승부기미치천리(蒼蠅附驥尾致千里)라는 말이 있다. "쇠파리도 천리마 꼬리에 붙으면 천리를 간다"라는 말이다. 한평생을 살면서 누구를 만나느냐에 따라 삶이 바뀔 수 있다는 말이다. 사람은 세상에 태어난 순간부터 만남이 시작된다. 산다는 것이 곧 만남이고 새로운 만남은 인생에 새로운 전기를 가져다주고 관계를 만들어간다.

나도 내 인생에서 만난 소중한 사람들과 공간이 있다. 나를 나답게 해준 고마운 사람들의 이야기를 지금부터 하고자 한다.

1. 나의 든든한 버팀목 박태봉 선배님

가장 먼저 기억되는 사람이 박태봉 선배님이시다. 이분은 기아자동차에서 현장 관리자로 일하면서 1970년대부터 노동조합 간부로도 열심히 활동하시던 분이었다. 그런데 1985년도에 노조 위원장에게 반기를 들었는데, 그 대가로 광주를 떠나 연고가 없는 경기도에서 근무하다가 1987년 노동자 대투쟁 이후 조합원의 요구로 광주공장으로 복귀한 선배님이다. 그 후 선배님은 현장 관리자협의회장을 오랫동안 맡으셨고 퇴직 하시기까지 많은 후배에게 본이 되고 존경을 받았던 선배님이시다.

나는 1980년 4월 28일 기아자동차 입사 후 첫 근무지가 기공과 이었다. 정확히 박태봉 선배님과의 인연이 언제부터였는지는 기억나지 않지만, 기공과 근무 시절부터 선배님의 사랑을 받았다. 당시 선배님은 내가 근무하는 부서 바로 옆 부서에서 현장 관리자로 근무했는데 이때부터 나를 유심히 지켜보신 것 같다.

박태봉 선배님은 1987년 이후 광주공장에서 일어났던 노사 관련 분쟁이나 노조 임원 선거 투표 결과를 연대별로 모두 기록하여 보관했는데, 퇴직 전에 이 모든 자료를 나에게 넘겨주셨던 분이시기도 하다. 선배님이 퇴직 하기 몇 년 전의 이야기다. 평소처럼 차 한잔하는 중에 나에게 이런 제안을 하셨다.

"나는 오랫동안 회사와 노조의 중간 역할을 해왔다. 그동안 노사 모두 어려운 문제가 생기면 나에게 도움을 요청했고, 때에 따라서는 내가 회사나 노동조합을 찾아가 내 생각을 전달하기도 했고 또한 중재자의 역할도 했다. 그동안 내가 이 일을 할 수 있었던 것은 노사 모두가 나를 신뢰 해줬기에 가능한 일이었다.

이제 내가 퇴직을 앞두고 있는데, 나의 한 가지 고민은 지금까지 내가 맡아왔던 노사 중재자의 역할을 누군가는 해주면 좋겠는데 아무리 생각해도 일선이 너 외에는 적임자가 없다. 일선이 네가 이 일을 맡아주면 좋겠다. 그러기 위해서는 현장에서 일하면 시간 내기가 어려우니 지원 부서 관리자를 하면 어떻겠냐는 제안을 하셨다."

나는 이 얘기를 듣고 웃으면서 이런 말씀을 드렸다. "형님! 어떤 말씀인지는 알겠고, 말씀은 고마운데 그러나 저는 현장 관리자로 일할 생각이 전혀 없습니다. 노동 운동을 처음 시작했던 마음가짐으로 마지막까지 현장에서 일하고 싶습니다"

나는 시간이 날 때마다 선배님과 차를 마시며 선배님이 걸어온 길, 내가 모르는 노동조합의 역사, 그리고 회사의 역사에 대해 이야기를 들었다. 그리고 때로는 꾸짖음도 들었고, 칭찬과 격려도 받으면서 오랜 세월을 함께 지냈다.

박태봉 선배님이 퇴직하신 후 나는 가끔 선배님 부부를 초청하여 점심을 함께하곤 했는데, 그게 그렇게 좋으셨는지 많은 사람에게 내 자랑을 하셨다는 이야기를 들었다. 나는 2016년 12월 기아에서의 퇴직을 며칠 앞두고 선배님께 넥타이를 선물하면서 "선배님의 사랑과 가르침으로 내가 여기까지 왔습니다. 감사합니다"라고 인사하였다.

박태봉 선배님은 퇴직하신 지 20년이 가까워지지만 지금도 지역사회활동과 봉사활동을 열심히 하시면서 주변 사람들에게 내 자랑을 하시는 고마운 선배님이시다.

2. 박병규와의 동행

내가 박병규를 안 지는 그리 오래되지 않았다. 아니 안 지는 30년이 넘었지만 깊이 안 지는 얼마 되지 않았다는 얘기다. 박병규가 민주노총 금속연맹의 일을 마무리하고 광주로 내려오던 때가 2005년이었다. 사실 그때부터가 박병규와의 실제적 만남이라 말할 수 있겠다.

우리는 일주일에 한 번꼴로 만났다. 그리고 많은 이야기를 나눴다. 시간은 정해놓지 않고 서로의 시간이 허락하는 범위 안에서 이야기를 나눴다. 이야기를 나누면 나눌수록 이상하리만큼 우리 둘은 서로의 생각이 같았다. 노동조합을 보는 눈, 회사를 보는 눈, 사회를 보는 눈, 그리고 어떤 사안에 대한 현장 조합원의 생각을 읽는 눈도 서로 비슷했고 그 판단 또한 정확했다.

박병규는 나보다 나이가 어려 나를 형이라 부른다. 그뿐 아니라 나를 정말 친형처럼 대한다. 그래서 나도 박병규를 동생이라 생각한다. 그러나 말이 동생이지, 생각의 깊이나 그동안 살아온 삶의 깊이를 비교해 보면 박병규가 나보다 훨씬 더 나은 삶을 살았다. 그런 박병규가 다른 사람들 앞에서는 항상 나를 앞세워줬다. 선배님이 다 하셨다고, 선배님이 계셨기에 이렇게 할 수 있었다고, 어찌 보면 모든 노력은 자신이 다 해 놓고, 열매는 내가 따도록 배려해 준 사람이 박병규다. 나에게 박병규는 그런 사람이었다.

박병규는 공부하는 사람이었다. 박병규는 틈만 나면 책을 읽었다. 그는 많은 책을 읽었고, 그리고 그것을 소화했다. 율곡 이이가 이런 말을 했다고 들었다. "독서하는 데 있어 입으로만 읽고 마음으로 느끼지 아니하며, 몸으로 행하지 않으면 그 글은 다만 글자에 지나지 않는다" 박병규는 책을 읽으면 그것을 소화할 뿐 아니라 생활 속에서 그것을 적용할 줄 아는 사람이었다.

나도 나름 다른 사람과 비교해 책을 많이 읽은 편에 속하지만 사실 나는 내가 읽은 책을 다 소화하지 못하고 또한 몸으로 행하지도 못했다. 아니 솔직히 말하자면 나는 책을 읽고 돌아서면 책 내용조차도 기억을 잘 못하는 사람이다. 이 차이가 박병규와 나와 차이다.

2009년도에 20대 노동조합 임원 선거가 있었다. 그리고 광주 지회장으로 박병규가 당선되었다. 나는 당선자의 요청으로 노동조합 지도위원으로 상근하게 되었다. '이전에는 광주지회에 지도위원 제도가 없었다.' 박병규가 선거에서 지회장 당선이 확정되자 나를 찾아와 지도위원을 맡아달라 요청하였을 때 나는 거절하였다. 나는 나보다는 후배 중에서 다른 사람을 찾아보라고 권했다. 그러나 그 후에도 두 차례 더 나를 찾아와 함께 일할 것을 요청했고 결국 나는 지도위원을 맡기로 했다.

내가 지도위원 직을 맡기로 결심한 가장 큰 이유는 박병규의 말 한마디가 나를 움직였다. "그동안 형님과 제가 나누었던 노동조합,

그런 노동조합 형님과 함께 만들어보고 싶습니다." 지난 몇 년 동안 나와 박병규는 수시로 만나 길게는 한 시간 짧게는 30분, 노동조합의 현안과 방향에 대해 많은 이야기를 나누었다.

박병규는 나에게 그때 함께 나누었던 그런 노동조합을 만들려면 나의 도움이 필요하다며 나를 설득하였다. 그렇게 해서 나와 박병규는 의기투합? 했고, 그와의 동행은 서로에게 큰 힘이 되었다.

지도위원 시절 박병규와 나는 많은 일들을 실행에 옮겼는데, 몇 개만 소개하고자 한다.

첫째: 기업의 사회적 책무를 담당하기 위해 사내 복지관 건물에 어린이 도서관을 개설하였다. 도서관의 이름은 공모를 통해 "기아 꿈터 어린이 도서관"으로 결정하였고 내가 초대 관장으로 일하였다.

둘째: 직원들과 가족들의 마음 치료를 위한 심리상담소 "마음산책"을 사내 복지관에 개설하였고, 심리상담사 2명이 상주하여 상담을 진행했다.

셋째: 노사 합동 교육을 1박2일 시행하였다. 주제는 "새로운 시작! 행복한 동행!"으로 정하였고, 강사는 노사가 공동으로 추천하였는데, 반응이 좋아 이후에는 2박3일 일정으로 진행하였다.

넷째: 노동조합 주관 인문학 강좌를 실시하였다. 총 7차에 걸쳐

진행된 인문학 강좌는 매회 6주간씩 진행하였고 각 분야의 전문가들로 강사진이 꾸려졌으며 주제 또한 다양했다. 어찌 보면 일반적으로 생각하는 노동조합 사업과는 전혀 어울리지 않은 사업들이지만 조합원들과 지역 언론의 평가는 긍정적이었다.

박병규는 이후 22대 지회장에 또 당선되었고 나 역시 지도위원을 맡았는데, 그 시절 나는 박병규에게 이번 임기만 마치면 노동조합 활동에 더 미련 두지 말라고 부탁하였다. 그리고 회사를 떠나서 자신이 좋아하고 하고 싶은 것을 마음껏 펼쳐볼 것을 권하였다.

박병규는 지회장 임기를 마친 후 광주광역시 민선 6기 경제 부시장, 민선 7기 사회연대 일자리 특보로 일하면서 행정가로의 길을 걸었는데 지금은 민선 8기 광주광역시 광산구청장으로 지역민을 섬기고 있다.

3. 인생의 길을 함께 걸어준 강준원 형님께!!

형님! 사람의 인생에는 몇 번의 전환점이 있다고 합니다. 그리고 그 전환점마다 곁에 있어 주는 사람이 있다면, 그 삶은 훨씬 더 따뜻하고 단단해 질 겁니다. 저에게 형님은 그런 존재입니다. 주위의 많은 사람들이 형님을 '교수님'이라 부르고 대한웰다잉협회 광주, 전남 지부에서는 '고문님'이라 존경을 담아 부르지만, 저는 형님을 오래전부터 형님이라 불러왔습니다. 그 호칭에는 단순한 친근함을 넘어 함께 걸어온 시간과 마음의 깊이가 담겨 있는 거 형님도 아시죠?

　제가 형님을 처음 알게 된 때가 1988년도였습니다. 형님이 주변 여건으로 인해 섬기시던 교회를 떠나 내가 다니던 교회로 출석하게 되었지요. 그런데 형님이 우리 교회 출석한 지 몇 년 되지 않아 형님은 성가대 총무를 맡으셨습니다.

　당시 주변의 몇몇 사람들은 형님이 우리 교회로 출석한 지 얼마 되지도 않았는데 너무 빠르게 중책을 맡긴 게 아니냐고 뒷말하기도 하였지요. 그러나 얼마 지나지 않아 형님에 대한 평가가 달라지기 시작했습니다.

　형님은 성가대 총무 역할을 단순한 직책이 아닌 사명처럼 수행하셨습니다. 매달 성가대원들의 출석 현황을 표로 정리해 공유하시며 그 누구보다 성실하고 체계적으로 일하셨습니다. 그리고 지휘자를 비롯한 대원들을 잘 섬기셨고, 사람들과의 관계를 따뜻하면서도 질서 있게 이끌어 가셨습니다.

　그래서 당시 우리 교회 성가대 분위기가 너무 좋았던 것 같습니다. 다 형님의 노력과 헌신 덕분이었죠. 형님의 그런 모습은 당시 나에게 깊은 인상을 남겼고, 그래서 그때부터 형님에 대해 많은 관심을 두게 되었습니다.

돌이켜 보면 형님과 제가 가까워진 것은, 어떤 특별한 계기가 있었던 것이 아니었습니다. 축구, 탁구, 볼링 운동을 함께 하면서 자연스럽게 친해진 것 같습니다.

제가 지켜본 형님은 늘 긍정적인 에너지를 지니셨습니다. 그리고 후배들을 격려하시면서도 때로는 쓴소리도 마다하지 않으셨습니다. 진심 어린 조언과 도움을 아끼지 않으셨고, 분열보다는 화합을 늘 강조하셨습니다.

1997년 내가 다니던 회사가 부도가 나고 국민이 모두 어려움을 겪었던 IMF 시절, 그때 형님은 영어 학원을 운영하셨습니다. IMF 시절이라 형님도 어려움이 많았을 텐데 형님은 나의 큰아들에게 영어 수업을 무료로 제공해 주셨습니다. 그때 형님의 배려가 우리 가족에게 큰 힘이 되었습니다.

그런 형님이 학원 운영을 정리 후, 평소 꿈꾸던 사회복지 분야 공부를 시작하셨고, 졸업 후 사회복지 시설장을 하시면서 대학에서 강의도 하셨지요. 그 시절 제가 50대 초반 늦은 나이에 사회복지 공부를 시작했는데, 그때도 형님은 나의 든든한 조력자가 되어 주셨습니다. 어쩌면 제가 사회복지 공부를 시작하게 된 동기도 형님을 닮고 싶은 마음이 작용했는지도 모르겠습니다.

형님은 대학에서 교수로 근무하시다가 은퇴 후 강사의 길을 선택

하셨습니다. 형님을 보면서 배움에 끝이 없다는 생각과 '새로운 시작은 나이와 관계가 없구나!' 하는 생각을 했습니다.

2년 전, 형님은 저에게 '웰다잉'에 대해 말씀하시면서 웰다잉 기본 교육이 있으니 받아보라고 권하셨지요. 형님의 안내로 시작한 웰다잉을 통해 지금 저는 웰다잉 강사로서의 길을 걷고 있습니다. 형님이 걸으셨던 그 길을 따라 저도 걷고 있습니다. 제가 이 일을 할 수 있는 것도 형님의 깊은 통찰과 따뜻한 권유 덕분입니다.

형님! 며칠 전, 웰다잉 광주 전남지부 회장단 회의에서 형님은 또 한 번 우리에게 깊은 울림을 주셨습니다. "이제는 후배들을 위해 내가 맡았던 강의를 내려놓겠다"는 선언은 우리 모두에게 신선한 충격이자 깊은 감동이었습니다. 자신보다 후배의 성장을 먼저 생각하며 물러나는 형님의 모습은, 진정한 리더의 품격을 보여주는 순간이었습니다.

그런데 형님! 어쩌면 좋습니까? 강사 배정을 위해 지회장 회의할 때마다 '이 강의는 강 고문님이 적격인데'라는 이야기를 지금도 우리 지회장들이 하고 있으니, 형님의 빈자리가 너무 큰 것 같습니다.

늘 누군가를 위해, 더 나은 사회를 위해 자신의 시간과 열정을 나누는 형님의 삶은 제게 큰 울림이자 본보기가 됩니다. 저는 형님을 단순한 지인이나 선배로 여기지 않습니다. 제 인생의 길을 함께 걸어준 동반자이자 마음 깊이 존경하는 형님이십니다.

이 글을 통해 형님께 깊은 감사를 드리며, 앞으로도 형님의 삶처럼 따뜻하고 의미 있는 길을 걷고 싶습니다. 형님! 늘 곁에서 함께 걸어주시고 사랑으로 이끌어 주셔서 감사합니다.

4. 부모님 같은 숙부님과 숙모님

나의 고향은 전라남도 영암 구림이라는 동네이다. 구림이라고 하면 잘 모르지만, 왕인박사와 도선국사 유적지라고 하면 금방 알아듣는다. 왕인박사 유적지에서 가장 가까운 집이 우리 집이다.

나는 중학교를 졸업하고 바로 광주로 올라왔는데 그때부터 결혼하기 전까지 군복무 기간 3년과 자취생활 3년을 빼곤 줄곧 숙부님 댁에서 학교 다니고 직장 생활을 했다. 사실 나에게 숙부님과 숙모님은 부모님 같은 분이다. 내가 군복무를 마치고 기아자동차에 입사하게 된 것도 숙부님의 도움이 컸다. 내가 결혼을 위해 선을 볼 때도 부모님 대신 숙모님이 나가셨고, 나의 결혼 준비도 역시 숙모님이 다 담당해 주셨다.

두 분은 내가 어렸을 때부터 나를 예뻐해 주셨다. 초등학교 시절부터 나는 방학 기간에 광주에 올라와 숙부님 댁에서 며칠씩 놀다가곤 하였다. 내가 초등학교 2학년 때 기차를 타볼 수 있었던 것도, 시골에서 장날에만 열리는 가설극장만 보다가 당시 광주 남도 극장과 태평양 극장에서 영화를 볼 수 있었던 것도, 그리고 짜장면을 처음 먹어본 것도, 내가 고등학교를 광주에 다닐 수 있었던 것도 다 숙부님 숙모님 덕이었다. 숙부님과 숙모님은 우리 동네 중학교 강당에서 결혼식을 올렸다. 함박눈이 내리던 겨울이었는데 우리 동네에서 처음으로 신식 결혼식이 열린 것이다.

숙부님은 내가 노동조합 활동을 하는 것을 한 번도 말리지 않으셨다. 오히려 노동조합은 필요하다고 하시면서, 그래도 지금은 회사가 노동자들을 탄압하거나 착취하는 시대가 지났으니까 노사 어느 한쪽이 일방적인 승리가 아닌 노사가 원원하는 노사관계가 필요함을 말씀하시곤 하였다. 숙부님은 모든 세상 이치가 심은 대로 거둔다. "콩 심은 데 콩 나고, 팥 심은 데 팥 난다"라는 비유를 들려주기도 하였다.

숙부님은 또한 현실 정치 관련 이야기를 하시면서 몇 년 전까지만 해도 정치인들의 언어가 절제되고 품위가 있었는데, 요즘 정치는 막말만 남았다며 안타까워하시면서 이전 정치인들의 발언을 들려주셨다.

김영삼: 닭의 모가지를 비틀어도 새벽은 온다.
김종필: 서쪽 하늘이 황혼으로 벌겋게 물들어 가는 것을 보라.
김상현: 물구나무서서라도 국회에 들어간다.

어찌 보면 내가 균형 잡힌 노사관계를 정립하고, 지금껏 어떠한 상황에서도 막말하지 않는 데는 평소 숙부님이 하셨던 말씀의 영향도 있었을 것 같다. 우리 집안에서도 숙부님은 "일선이가 우리 집 장손이니까 일선이 의견이 중요하다"라고 하시면서 항상 나의 울타리가 되어 주시고 나를 앞세워 주셨다.

숙부님은 올해 우리 나이로 86세인데 지금도 아침 5시면 걷기 운동을 하시고, 사회활동도 왕성하게 하시면서 매주 칼럼도 쓰신다. 그리고 책도 많이 읽으신다. 인생의 열매는 겨울을 거치면서 더욱 풍성해지고 견실해지고, 고난을 많이 헤쳐나온 사람일수록 강인함과 향기로운 맛이 더욱 깊다고 하는데 나는 숙부님에게서 그런 향기와 깊은맛을 느낀다.

숙부님과 숙모님 두 분은 칠순을 앞둔 나를 지금도 변함없이 사랑해 주시는데, 나는 마음만 있지 두 분의 사랑에 보답하지 못해 항상 죄송스러울 따름이다. 누가 뭐래도 지금의 내가 있게 된 것은 두 분의 사랑과 가르침을 먹고 자랐기 때문이다. 오래오래 건강하시고 주변의 많은 사람에게 선한 영향력을 끼치시는 두 분 되시길 기도한다.

5. 나의 든든한 후원자 기아

나는 광주 공고(전남기계공고)를 졸업하기 전 3학년 2학기 때부터 직장 생활을 시작했다. 내가 다니던 회사는 공작기계를 생산하는 회사였는데 당시 광주에서는 가장 잘나가던 회사였다. 그런데 휴직 하고 3년간의 군복무를 마치고 돌아와 보니 회사가 과잉 투자로 인해 부도가 난 상태였다. 그래서 새로운 직장을 선택한 회사가 바로 기아자동차이다.

1980년 4월 28일에 첫 출근 하여, 2016년 12월 31일까지 약 36년 8개월이라는 긴 세월을 기아와 함께했다. 이 긴 세월 동안 어찌 좋은 일들만 있었겠는가? 물론 안 좋은 일보다는 좋은 일들이 훨씬 많았지만, 그러나 순간순간 나를 힘들게 하고, 아프게 하고, 심지어 내 눈에서 눈물을 흘리게 한때도 많았다.

입사한 지 며칠 만에 5.18 광주 항쟁을 겪어야 했고, 당시 회사에서 생산되어 출하를 기다리던 수많은 차량이 거리로 쏟아져 나온 상황도 지켜봤다. 1986년도엔 노동조합 위원장의 장기 집권에 반대한다는 이유로 징계를 당하고 부서 이동까지 해야 했던 아픈 추억도 있었다. 어찌 그뿐이랴, 1997년도엔 기아 부도와 함께 IMF를 겪어야 했고 이 시기에 나는 새벽에 신문 배달을 하기도 하였다.

86년 부당 징계를 당한 이후 나는 어용노조를 물리치고 민주 노조 건설이라는 새로운 목표를 세웠고, 1988년 2월 기아 그룹 최초로 노동조합 위원장 직선제를 관철했다. 그 후 기아자동차에서 나의 삶은 노동조합 활동으로 꾸려졌다 해도 과언이 아니다. 노동조합 활동을 하는 동안 많은 시련과 아픔이 있었고 내가 노동조합 활동을 시작한 것을 후회하며 눈물을 흘린 적도 많았지만, 나는 끝까지 초심을 잃지 않으려 노력했다.

처음 민주 노조를 만든 후 회사에 대한 부정적인 생각으로 나의 노선은 투쟁 일변도였다. 그러나 1997년 기아차 부도 당시에 비상대책위원으로 활동하면서 우리 회사뿐만이 아니라 국가 부도로 인해 수많은 회사가 문을 닫고 그 결과 회사에서 일하던 노동자들이 하루아침에 실직자가 되는 현실을 겪으면서 기업의 발전과 노동자의 고용안정을 결코 분리해서 사고할 수 없다는 사실을 피부로 느꼈다.

이를 계기로 노동조합 운동에 대해 다시 생각하게 되었고, 노사 어느 한쪽의 일방적인 힘에 의한 결정이 아닌 노사가 공존하는 노동 운동 관을 정립하게 되었다. 그리고 회사가 정상화된 이후부터 나는 "내가 정말 좋은 회사에 다니고 있구나" 생각하면서 회사 생활을 하였다.

그래서 퇴직 할 때도 감사한 마음으로 퇴직할 수가 있었다. 그런데 퇴직하고 나서 보니까 내가 회사 다닐 적에 느꼈던 것보다 몇십 배 더 내가 다녔던 우리 회사가 너무나도 소중하고 좋은 회사였다는 사실을 깨닫게 되었다.

내가 퇴직 후 광산구청에서 새로운 시작을 할 수 있었던 것도 기아라는 회사에 근무했기 때문이다. 또한 광주광역시청에서 사무관으로 근무할 수 있었던 것 역시 기아에서의 경력이 있었기 때문이다. 나는 이력서나 자기소개서를 작성할 때 제일 먼저 소개하는 것이 기아 근무 경력이다.

강사로서의 삶을 살고 있는 지금, 이 순간도 강의 시작 전 강사 소개할 때 제일 먼저 소개하는 것이 기아 근무 경력이다. 그만큼 기아는 나에게 소중한 회사다. 어디 그뿐이랴, 기아에 근무하는 동안 지금의 아내와 결혼 할 수 있었고, 사랑스러운 두 아들도 양육하며 학교에 보낼 수 있었다.

나는 나의 많은 후배들이 회사 퇴직 후 나처럼 자랑스럽게 자기

이력서나 자기소개서에 당당하게 기아에 근무하였음을 기록할 수 있었으면 좋겠다. 누군가가 우리에게 당신네 회사 어떠냐고 물어본다면 "우리 회사 최고로 좋다"라고 대답할 수 있다면 그 사람은 성공한 사람, 참 행복한 사람이라고 말하고 싶다.

6년 전 광고 만드는 사람 박웅현의 강의를 들은 적이 있다. 박웅현 하면 '인문학으로 광고하다'의 저자로 유명하다. 나는 박웅현의 강의를 듣고 그가 쓴 책 중 "책은 도끼다"라는 책을 사서 읽었다. 이 책 첫머리에 저자는 이렇게 이야기하고 있다.

「내가 읽은 책들은 나의 도끼였다. 나의 얼어붙은 감성을 깨뜨리고 잠자던 세포를 깨우는 도끼, 도끼 자국들은 내 머릿속에 선명한 흔적을 남겼다. 어찌 잊겠는가? 한 줄 한 줄 읽을 때마다 쩌렁쩌렁 울리던, 그 얼음이 깨지는 소리를, 시간이 흐르고 보니 얼음이 깨진 곳에 싹이 올라오고 있었다. 그전에는 보이지 않던 것들이 보이고 느껴지지 않던 것들이 느껴지기 시작했다. 촉수가 예민해진 것이다」

이 글을 읽으면서 나는 무엇을 통해 깨지고 또 깨지는 과정을 겪었는지를 생각해 보았다. 나의 결론은, 지금까지 나를 품어주시고, 나의 든든한 울타리가 되어 주신 고마운 분들을 통해 나 자신이 깨지는 과정을 겪었고, 그 깨진 틈에서 새로운 싹이 나와 오늘의 나로 성장했음을 고백한다.

사랑으로 나를 키워주시고, 품어주시고, 이끌어 주신 모든 분에게 감사 인사드린다.

7장

매서웠던 바람은 산들바람이 되고

임갑수 지음

임갑수

□ 소개
1. 前 삼강주조 대표
2. 웰다잉지도사 및 노인통합교육지도사
3. 청도 장애인종합복지관 外 다수 기관 재능기부 강사
4. 사회복지사
5. 前 외식사업 대표(봉창이)
6. 국가유공자

매서웠던 바람은 산들바람이 되고

✦✦✦✦✦

제1장 용기를 내다

글쓰기, 글을 쓴다는 것은 생소한 일이다. 내가 글을 쓴다는 것은 누가 봐도 웃을 것이고, 내가 생각해도 사치스러운 일이다. 국민학교때 받아쓰기도 힘들었는데 무엇을 어떻게 쓸 것인가 고민이 많았다. 그래도 주위 분들의 응원에 용기를 내본다.

첫 말은 관계의 시작이고 끝이다!
말은 참고 안 하면 되고 조심하면 되지만 글은 다르다. 글쓰기란 말을 옮겨 적는다. 하지만 거기에는 앞으로 다가올 시간에 지나간 시간의 추억과 생각들이 따라온다. 또한 무엇보다 한 점 덧붙이는 거짓이 없어야 하며 실행에 옮길 수 있는 것들을 적어야 한다.

말은 시간이 지남에 잊히고, 묻히고 사라진다. 글을 담아둔 책은 필자가 이 세상을 하직하여도 영원히 남아 있기에 잘 써서 남기고 싶다. 거기에는 경험하지 않은 수식어가 가미될 것이다. 걷지도 못하면서 뛰고 싶은 생각은 갖지 말자.
청송 지역에 돌이 하루아침에 세상밖에 수석이 되는 것이 아니었다. 석공들의 수없이 갈고닦은 노력에 산물이듯 나도 마중물을 시작으로 지금까지 살아오면서 겪은 기억을 한가지씩 떠올리며 적어본다.

더 빨리 내 글을 써서 남기고 싶은 마음에 밤이 깊도록 쓰고 지우길 반복해 가다 보면 때로는 어느새 저 멀리서 새벽닭이 해를 치고 여명이 밝아온다. 잠 못 이룬 밤이었지만 새벽 맑은 공기 마시며 가슴 설레는 새로운 하루를 시작했었다.

나의 출생부터 성장기까지를 적어보려고 한다. 나는 1952년 6월 2일(음력 5월 10일) 태어났다, 아버님 함자는 임소출(林小出) 이시고, 1983년 9월 27일(음력 8월 21일)에 소천하셨다, 어머님 함자는 김백순(金白順)이시고, 2015년 11월 1일(음력 9월 20일) 소천하셨다.

6·25전쟁 통에 어렵고 가난한 집안 형편이었지만 남달리 금슬 좋았던 부모님 사이에서 태어났다. 나는 형님이 세 분, 누님이 한 분 계신다. 어머니는 내가 태어난 지 3년 후에 귀염둥이 남동생을 출산하셔서. 나는 5남 1녀 중 넷째 아들로 자랐다.

부모님이 모두 소천하셔서 나의 유아기 이야기는 여백의 공간이다. 내가 기억 할 수 있는 시기부터 적어본다. 국민학교 입학 당시 나의 고향은 전형적인 두메산골로 30여 호가 옹기종기 모여 사는 예천임씨(醴泉林氏) 집성촌이었다.

그 시절에는 어린이집이나 유치원이라는 곳이 있는 것도 몰랐다. 숫자와 한글 자음, 모음도 국민학교에 입학하고 한참 후에 알게 되었다. 구구단과 곱셈, 나눗셈도 못 해서 수업을 마친 후에 남아서 공부해야 했다. 육성회비를 제때 못 내서 매도 맞고 울기도 하고 화장실 청소도 많이 했었다.

또 그 시절에는 미국에서 보내준 구호품으로 우윳가루 옥수숫가루 학용품도 받은 것이 아직도 기억난다. 모내기 때면 낙동강 물이 지척에서 흘러가도 안동댐이 건설되기 전까지는 수리시설이 없었다. 고향 들녘은 하늘에서 비만 내려주길 기다리는 천수답뿐이기에 비가 오는 날이면 너나 할 것 없이 온 마을 사람들은 모심기하였다. 농번기에는 보리 베기, 모심기, 추수하기 등 일이 많아서 학교는 뒷전이고 부모님 일손을 도왔다. 학교보다 소먹이고, 풀베기, 월동 준비, 나무하기가 최우선이었다. 그때는 먹고 살기 위해서 당연한 과제였다.

말이 학생이지 농번기, 여름방학, 겨울방학 빼고 나면 학교 가서 공부하는 시간보다 집안일하는 날이 더 많았다. 그러니 공부는 당연히 못 했고, 밤이면 숙제보다 가마니 짜는 시간이 더 길었다. 호롱불은 공부하기 위해서라기보다 가마니를 짜기 위해 생계 수단으로 켜놓는 시간이 길었다.

새끼줄과 가마니를 짜는 일은 부모님과 형님들이 하셨지만, 나도 심부름하며 한 사람 몫을 다였다. 그때 그 시절은 가난한 살림에 식구는 많고 먹을 것은 부족했다. 가난의 연속으로 보릿고개 시절이며 허기진 배를 부여잡고 먹을 것을 찾아 들판과 산천으로 헤맨 적도 많았다.

제2장 고마운 주먹밥

1968년 2월 힘겹게 중학교를 졸업했다. 고향 땅 들판 끝 어둠 속에서 희망 한 줌을 안고, 설익은 어린 꿈을 서울 하늘에 그리고 싶었다. 가난과 배고픔을 이기기 위한 도전이었다. 무작정 서울로 상경한 내 나이는, 가난하게 살기 싫었던 열여섯 살이었다. 내게 배고픔은 단순히 허기가 아니었다. 인간으로서의 존엄까지도 갉아먹으며 날마다 목을 조여 오는 검은 그림자였다.

어린 나이였지만 '이대로는 안 된다, 무조건 여기를 떠나야 한다.'라는 생각이 들었다. 부모님께 한마디 말도 없이 주머니에 단돈 몇 푼 가지고 기차에 몸을 실었다. 목적지는 서울, 당시의 서울은 내게 막연한 희망이자 두려움이었다. 기차 안에서 졸고 있던 나는 누군가 건넨 주먹밥 하나로 고맙게도 배를 채웠었다. 그렇게 도착한 서울역은 나에게 기쁨과 두려움으로 넋을 놓게 했다. 그날 밤부터 낯선 서울 노숙 생활이 시작되었다.

제3장 목숨과 바꾼

서울이라는 거대한 도시에는 내 몸 하나 누울 곳이 없었다. 나는 어렸지만 살아남기 위해 일터부터 찾아다녔고, 무엇이든지 가리지 않고 일했다. 그나마 돈 되는 일은 공사 현장의 일용 노동이었다. 현장에서 일을 하려면 새벽부터 줄을 서야 했고, 줄이 긴 날은 나에게 차례가 오지 않아 쉬어야만 했다. 일손이 필요한 곳에서 내 이름이 불리면, 감사하며 시키는 대로 뭐든지 했다.

공사 현장에서 일용 노동을 할 때는 벽돌을 나르고, 시멘트 포대를 옮기고, 철근을 끌어 날랐다. 날마다 먼지 범벅에 옷은 더러워지고 땀에 젖기 일쑤였고, 손에는 물집이 잡히고 터지기를 반복했다. 하루 종일 점심 한 끼로 버티며 발바닥에 불이 나도록 일했지만, 품삯은 고작 몇백 원, 그러나 그 몇백 원이 내게는 생명줄이었다. 나뿐만 아니라 같이 일하던 막노동 형님들, 허리 굽은 노인, 말없이 묵묵히 일하던 젊은이들 모두 각자의 사연과 상처를 품고 있었다.

누군가는 가족을 먹여 살리기 위해, 또 누군가는 실직자의 신세를 면하기 위해 아니면 나처럼 고향을 등지고 상경한 이도 있었다. 아무도 불평하지 않았다. 그저 묵묵히 삽을 들고 곡괭이를 잡고 하루를 온전히 내어주며 일했다. '세상은 땀의 값을 속이지 않는다'라는 사실을 그때 공사 현장에서 배웠다. 어느 날은 철근 더미에 깔릴 뻔도 했고, 어느 날은 3층 높이에서 발을 헛디뎌 떨어질 뻔도 했었다. 다행히 그때마다 목숨을 건졌지만 그게 축복인 줄도 모르고 일했다. 밤이면 지친 몸을 아무 곳에 눕혀 노숙했다. 그리고는 다음 날 새벽 어스름 속으로 또 걸어 나갔다. 나는 그렇게 쓰러지지 않는 법을 배웠다. 작고 여린 손의 땀은 한 줄기 희망이 되었고, 삶의 방법을 일깨워 주었다.

비록 배움은 짧았지만, 인생의 가장 값진 공부는 이때 다 한 것 같다. 돈의 귀함과 건강의 소중함, 그리고 사람이라는 존재가 가진 힘을 깨달았다. 지금이 밑바닥이라면 올라갈 길만 남았다는 말이 항상 내 마음속에 맴돌았다. 그런 믿음 하나로 버텼고 그 땀의 값은 훗날 내가 다시 일어설 수 있는 자산이 되었다. 가진 게 아무것도 없던 소년이 공사판에서 인생의 버팀목을 얻은 시간이었다.

나는 1968년부터 1975년까지 7년 동안 서울에서 살아 남기 위해 산전수전 다 겪으며 희로애락을 느끼고 있었다. 그러던 1975년 10월 23일 군대 입영통지서를 받았다. 논산 제2훈련소에 입소하여 기초 군사 훈련을 8주 동안 받았다.

나는 그 뒤 대전 통신학교에서 28주 동안 통신병이 되기 위한 후반기 교육을 받았다. 최고의 통신병으로서 육군본부 소속 대구 2군사령부 파견 팔공산 중계소로 배치되었다. 열정과 패기로 충실하게 근무하고 있었다. 그러나 34개월 만기제대를 며칠 앞두고 예기치 못한 큰 사고로 인해 왼쪽 다리를 잃게 되었다.

제4장 다시 걷는 사람

나는 가난과 배고픔, 노숙까지도 참아냈었다. 하지만 내 인생의 방향이 완전히 뒤바뀌는 날이 이렇게 올 줄은 전혀 몰랐다. 제대를 얼마 안 남겨둔 어느 날 큰 사고가 나를 덮쳤다. 아직도 그날의 기억은 선명하다. 하늘은 맑았고, 흙먼지는 바람에 날렸으며 내 머릿속은 훈련 지시 사항으로 가득 차 있었다. 그러다 갑자기 굉음과 함께 강한 충격을 느꼈다. 피가 튀고 고막을 때리는 울림, 그 순간 나는 바닥으로 쓰러졌다.

정신을 차렸을 땐 병원이었고, 사고가 난 지 일주일이 지났다고 했다. 나에게 건넨 의사의 첫 마디에 나는 심장이 쪼개지는 기분이었다. 내 다리를 절단했다는 이야기였고, 정말로 나는 왼쪽 다리가 없었다. 생명을 구하기 위해 최선이었다는 말은 나에게 들리지 않았다. 아니, 듣고 싶지 않았다. 나는 한창나이에 나라를 지키기 위해 국방의 의무를 다하던 중 큰 사고로 왼쪽 다리를 잃은 것이다. 그 큰 시련은 내 삶을 두 조각 냈다.

하나는 두 다리로 걷던 과거의 임갑수이고, 다른 하나는 한쪽 다리로 살아가야 할 임갑수이다. 처음엔 이해할 수도, 믿을 수도 없었다. 매일 밤 눈물이 나왔다. 왜 나인가 왜 나여야만 했나 너무 억울해서 받아들이기 힘들었다. 하지만 눈물도 어느 순간 말라버리고 슬픔도 반복되며 무뎌졌다. 내가 선택할 수 있는 건 단 한 가지였다.

다시 살아내는 것뿐이었다. 다리를 잃은 고통은 컸지만, 그 속에서 나를 찾기 시작했다. 두 다리가 아닌 내 의지로 일어설 준비를 했다.

사고 후 병실에 누워 있던 그때 나는 살아 있다는 게 무엇인지 끝없이 물었다. 왼쪽 다리가 사라진 자리엔 통증만 남았고, 그보다 더 깊은 아픔은 마음속에서 자라나고 있었다. 나는 이제 어떻게 살아야 하나? 사람들은 나를 어떻게 볼까? 무슨 일을 할 수 있을까? 절망은 생각보다 빨리 다가왔다. 어느 날은 가만히 누워 천장만 바라보다 하루를 흘려보냈고, 또 어느 날은 나 스스로 원망하다 울음을 삼키기도 했다. 그러나 나는 그렇게 멈춰 있지 않았다.

누군가는 말한다. 한쪽 다리를 잃었다면 인생도 절반이 끝난 거 아니냐고. 하지만 나는 그들에게 말하고 싶다. 나는 그날 절반을 잃은 게 아니라 오히려 진짜 인생을 시작한 것이다. 그날의 총성은 내 몸을 꿰뚫었지만 내 의지를 꺾지는 못했다. 오히려 더 깊은 강인함을 나에게 주셨다. 넘어진 자리에서 다시 피운 삶의 꽃으로 살아야 한다. 반드시 일어서야 한다는 각오로 절망을 딛고 다시 걸었다.

병실의 창문 밖으로는 햇살이 내리쬐었고, 복도에는 재활을 시작한 사람들의 휠체어 바퀴 소리가 끊이지 않았다. 그리고 어느 날 한 간호사가 내 손을 꼭 잡고 말했다. 살아남으셨잖아요. 이제는 살아가셔야죠. 그 말이 내 마음을 울렸다.

나는 천천히 재활을 시작했다. 처음엔 휠체어에 앉는 것도 손으로 바퀴를 굴리는 것도 힘들었다. 하지만 하루하루 손에 힘이 들어 갔고, 의족을 착용하고 땀이 흐르도록 걷는 연습을 시작했다. 넘어지고 다시 일어나기를 계속 반복했다. 남들은 단순히 한 발을 디딜 뿐이지만 나는 한 발을 디딜 때마다 삶의 의지를 함께 내디뎠다.

단 5분 걷는 연습이 50분짜리 고통으로 느껴졌지만 나는 이를 악물었다. 살아남았으니 살아야겠다는 생각 하나로 버텼다. 상처는 지워지지 않지만, 그 상처 위에 의지라는 꽃을 피우기 시작했다. 그 누구보다 단단한 마음의 발로 세상 위를 걷기 시작했다.

이제 나는 누군가의 시선을 두려워하지 않는다. 의족이 내 삶을 부끄럽게 하는 것이 아니라. 그걸 딛고 선 내가 내 인생을 빛나게 하는 것이다. 그날 이후로 나는 더 이상 절망 속에 머물지 않는다. 상처를 안고 사는 법을 배웠고 그 상처를 통해 더 큰 사람으로 다시 태어났다. 살아 있다는 것 그것만으로도 나는 이미 충분히 위대한 길을 걷고 있었다.

제5장 다시 걷는 사람 임갑수 (시 詩)

무너진 하늘 아래서 나는 나를 잃었었지.
차가운 병원 창밖 세상은 멀기만 한데
혼자 의자에 앉은 채 먼 산 바라보며
두 다리가 아닌 의지로 넘어진 만큼 강해져서

내 안의 불꽃을 안고

나는 다시 한 발 한 발 세상을 껴안는다.

거울 속 나를 보며 남겨진 상처에

이유를 묻고 또 묻었지만

삶의 대답은 너는 아직 끝나지 않았다는 한마디에

나는 다시 걷는다.

두 다리 아닌 의지로 포기란 말은 잊어버리고

희망으로 나를 이끈다.

상처 위에 핀 나만의 꽃 한 송이 세상에 말한다.

나는 살아있다고,

나는 임갑수 다시 걷는 사람입니다.

제6장 사랑으로 다시 선 삶 가족이라는 기적

1979년 2월 21일 그날 나는 진짜 기적을 만났다. 내가 누군가의 짐이 될 거라 여겼던 그때, 오히려 내 삶에 날개를 달아준 한 여인이 있었다. 바로 김일순 님. 세상 사람 모두가 등을 돌려도 그녀만은 따뜻한 눈으로 나를 바라봐 주었다. 그녀를 처음 만났을 때 나는 감히 사랑을 꿈꿀 수 없는 사람이라 생각했다.

한쪽 다리를 잃은 몸에 아무것도 가진 것이 없는 장애인 나였기에. 하지만 그녀는 나의 다리를 보지 않았고 내 가슴 속 의지를 먼저 보았다. "당신과 함께라면 뭐든지 견딜 수 있어요."라는 그녀의 말 한마디에 나는 다시 세상을 살아갈 용기를 얻었다. 그날 이후 얼마의 시간이 지나고 우리는 가난한 결혼을 했다.

　화려한 예식도 웨딩드레스도 없었지만, 서로를 바라보는 눈빛만큼은 누구보다 빛났다. 단칸방에서 시작한 달콤한 신혼이었다, 비가 새면 양동이를 놓고, 겨울이면 서로의 체온으로 추위를 견디며 살았다. 1980년 11월 15일은 세상을 다 가진 기쁜 날이다. 첫째 아들(임상열)이 세상 밖으로 태어난 날이기 때문이다,

　그 힘든 생활 속에서도 아이의 얼굴을 보는 순간 모든 피로는 사라졌다. '그래, 이 아이를 위해서라도 살아야 한다'라고 마음속으로 다짐했다. 통통하고 건강한 나를 닮은 아기가 웃기기도 하다니 세상을 다 가진 기분이었다. 이 아이가 나의 희망 그 자체였다.

　아이를 밤새 안아 재우고, 젖병을 삶고, 이유식을 손수 챙기는 아내의 고생스러운 모습이 나의 마음을 아프게 했다. 장애가 있는 나로서는 아무것도 도와줄 수 없었기 때문이다. 아내는 육아와 모든 살림을 하며 어머니라는 이름을 배워갔다. 그리고 1983년 6월 3일 둘째 딸(임상미)이 우리 부부의 품에 안겼다.

　처음엔 아들 하나면 됐다. 딸까지는 욕심이라는 생각을 했었다, 그러나 막상 딸이 눈을 맞추며 웃어줄 때, 세상 모든 꽃이 한꺼번에 피는 기분이었다. 그렇게 우리 가족은 네 식구가 되었다. 가난

했지만 웃음이 많았고, 힘들었지만 늘 서로의 손을 잡고 있었다. 때로는 쌀독이 바닥났고 아이들 우유 살 돈이 없어 아내는 남모르게 발을 동동 구를 때도 있었다. 그렇지만 아이들은 늘 밝고 건강하게 잘 자라주었다. 때로는 방 안에서 넷이 마주 앉아 부침개를 해 먹기도 했다. 추운 날은 온몸을 이불 속에 묻고 서로 발을 맞대던 그 기억이 있다. 나는 못 배운 아버지였지만 아낌없이 뭐든지 많이 주고 싶었다.

그래서 장애가 있는 몸이지만 할 수 있는 일을 찾아서 땀 흘려 돈을 벌었고, 손이 갈라지도록 일했다. 아이들이 잠든 새벽이면 아내와 속삭이며 미래를 그렸다. 돌아보면 그 시절이 내 인생에서 가장 사람다운 시간이었다. 비록 돈은 없었지만, 세상 누구보다 부유한 마음으로 살았다. 나에게 가족은 새로운 왼쪽 다리와도 같았다. 부러진 삶 위에 놓인 튼튼한 다리, 그 다리를 통해 나는 다시 세상 속을 걷고 있었다.

가족이라는 기적, 단칸방에 비가 새어도 나에겐 오직 아내가 있었고, 두 손을 맞잡고 빈 탁자 위에 사랑을 올려놓고 웃을 수 있었다. 우렁차게 울어준 큰아들 얼굴, 내 품에 안긴 순간 딸의 체온, 그 작고 따뜻한 생명들이 내 삶의 중심이 되었다. 가난하지만 가족이 있었기에 그 어떤 비바람과 폭풍도 우릴 쓰러뜨리지 못했다. 나는 오늘도 내가 살아 있는 이유를 기억한다. 그건 바로 나에게 사랑하는 가족이 있다는 것이다.

제7장 삼강주막과 나

삼강주막은 내가 새로운 꿈을 품게 된 시작이었다. 삼강주막은 낙동강 700리 길에 50년 넘게 막걸리를 빚어 팔던 조선의 마지막 주막이었다. 그 주막에 주모가 돌아가셨다는 소식을 들었을 때, 가슴 한편이 무너지는 것 같았다. 그 막걸리는 단순한 술이 아니었다. 우리의 삶과 노동, 땀과 눈물이 담긴 문화이며 우리 고향의 자랑이었다.

나는 막걸리 맛을 되살려야겠다 결심했다. 주모가 떠났다고 주막의 전통까지 사라져선 안 된다고 생각했다. 그렇게 시작한 것이 '삼강주막의 부활'이었다. 처음엔 쉽지 않았다. 주변 사람들은 관심조차 두지 않았다.

하지만 나는 우리의 막걸리는 경쟁력이 있다고 믿었다. 막걸리는 사람들의 입맛과 기억 속에 여전히 남아 있다. 그렇게 나는 '삼강주막 막걸리'를 만들어냈고, 사람들은 다시 그 맛을 찾기 시작했다. 나는 막걸리를 단순한 음료로 보지 않았다. 그것은 우리의 삶이고, 역사이고, 문화였다. 고향 땅에서 생산한 곡물로 빚은 막걸리에는 농부의 땀이 담겨 있었고, 마을의 공동체 정신이 깃들어 있었다. 나는 그런 의미를 담아 막걸리를 관광기념품 공모전에 출품했고, 당당히 수상했다.

　'삼강주막 막걸리'는 단순한 주류가 아니라 지역을 알리는 브랜드가 되었고, 나는 술을 통해 문화적 가치를 나누기 시작했다. 사람들은 이 술에 감동했고, 고향을 기억했다. 나는 막걸리 한 잔이, 사람들의 마음을 위로하고, 공동체의 끈을 다시 이어주는 힘이 있다는 것을 믿었다.

제8장 피나는 노력으로 이룬 배움의 길(한 맺힌 배움, 만학도의 집념)

나는 어린 시절 가난 때문에 중학교는 겨우 졸업했지만, 고등학교 진학은 꿈조차 꾸지 못했다. 그때부터 내 안에는 배움에 대한 한이 맺히기 시작했다. 나도 언젠가는 꼭 공부하리라, 그 다짐은 마음속 깊이 숨 쉬고 있었지만, 삶의 무게는 공부를 허락하지 않았다. 시간이 흘러 어느덧 50대의 중년이 되었다. 아이들이 자라고 나는 세상과 싸움하며 하루하루를 전쟁처럼 살았다. 가슴 한구석에는 늘 미완성의 꿈인 배움에 대한 갈증이 있었다.

그러다가 2000년대 초반 다시 연필을 들기로 결심했다. 2003년 내 나이 52세, 32년 만에 검정고시에 도전했다. 낮에는 일하고 밤에는 공부했다. 주경야독(晝耕夜讀)으로 눈이 침침해지고 글씨가 흐리게 보여도 포기하지 않았다. 그 시절 내 손에는 항상 문제집과 형광펜이 들려 있었다. 수면시간을 줄여서 틈틈이 암기하고 책을 품에 안고 잤다.

그렇게 고졸 검정고시를 통과했다. 합격증을 손에 쥔 날 나는 소리 없이 울었다. 그건 단순한 시험 통과가 아니라 내 인생의 굴욕과 아픔을 견디어내고 이룬 첫 번째 승리였다. 그것으로 나는 멈추지 않았다. 그해 나는 대학에 입학 원서를 넣었고, 어렵게 합격해서 대학생이 되었다.

흰머리가 희끗한 나이에 젊은 학생들과 어깨를 나란히 하며 나는 하나하나 새롭게 배워나갔다. 수업 시간에 혼자 손을 들고 질문했고, 모르는 영어 단어는 뜻이 외워질 때까지 백 번을 썼다. 리포트 한 줄을 쓰는데도 며칠이 걸렸지만 나는 물러서지 않았다. 그리고 마침내 학사 학위를 받았다. 그 자리엔 가족들이 함께했고 나는 눈물을 참지 못했다.

내가 이룬 것이다. 드디어 이뤘구나. 하지만 그것으로 멈추지 않았다. 학사에 이어 석사 과정에 도전했다. 석사 과정은 더 힘들었다. 논문이라는 커다란 벽도 있었지만 밤을 새워가며 자료를 모으고 한 글자씩 눌러쓰듯 써 내려갔다. 피나는 노력 끝에 결국 나는 석사 학위를 손에 쥐게 되었다.

나 같은 사람이 공부할 수 있을까? 처음엔 그런 생각도 했다. 하지만 지금은 안다. 늦었다고 생각한 그때가 바로 시작할 때라는 것을. 그리고 나는 지역 사회봉사, 청소년 멘토링, 장애인 복지 활동

등으로 배움을 나눴다. 배움은 나 혼자만의 것 아니라 누군가를 일으켜 세우는 힘이 되었다.

나는 이제 배움의 기회를 기다리는 사람들에게 말하고 싶다. 지금 시작해도 늦지 않다고. 한때는 검정고시 책을 품고 살았던 내가 이제는 지식으로 사람들과 마음을 나누는 만학도 임갑수로 인기 강사이자 재능 봉사자가 되었다는 사실, 이것이 내 인생에서 가장 자랑스러운 여정이다.

제9장 늦은 꽃 (시 詩)

늦은 봄에도 꽃은 핀다
사람들은 말하곤.
이제 늦었다고 그만두라며

하지만 나는
쉬흔 살이 넘은 날에 마음속에
한 줄 글씨. 한 줄 꿈을 다시 새겼다.

검정고시 문제집 사이
빛바랜 손가락마다
밤새 형광펜을 눌러가며
잊힌 지식을 되살려냈다.

늦은 봄에도 꽃은 핀다
겨울을 이겨낸 뿌리마다
얼마나 많은 인내와 희망이 숨었는지
세상은 모른다.
나는 알고 있다.
학위보다 값진 건 포기하지 않은 나 자신
배움은 나를 다시 사람으로 만들었다.

그리고 지금도 나는
오늘이라는 교실에
자랑스레 앉아 있다.

제10장 기쁨과 섭섭함

　2007년 아들 임상열은 이지영이라는 참하고 따뜻한 며느리를 만나 한 가정을 이루게 되었다. 그리고 2010년에는 딸 임상미도 곽경욱이라는 믿음직한 사위를 만나 아름다운 가정을 꾸렸다. 한때 내 품에 안고 젖병을 물리던 아이들이 어느새 성장하여 정장과 예복을 차려입은 모습으로 신랑이 되고, 신부가 되어 서 있었다. 나는 그 모습을 보며 가슴이 벅차오르기도 하고 어딘지 모르게 허전하기도 했다.

　아들 상열이가 결혼하던 날은 그동안 쏟아부은 우리 부부의 노력과 사랑이 이제는 다른 손으로 옮겨가는 것만 같았다. 아들의 얼굴에 흐르는 땀방울 닦아주며, 손을 꼭 잡아주던 그날이 기억난다. 더 이상 나만의 아들이 아니라 누군가의 남편이 되는 순간이었다.

그리고 딸 상미는 늘 내 무릎 위에서 재롱부리며 놀았었다. 이제는 다 커서 웨딩드레스를 입고, 내 손을 잡고 함께 걷고 있었다. 그 짧은 몇 분 동안 나는 딸아이와의 소중했던 추억을 떠올렸다. 자전거 뒷자리에 태워주던 날, 소풍 도시락에 달걀 하나 더 넣어주던 날, 아프다고 울던 밤, 그 순간들이 영화처럼 스쳐갔다. 자식들이 건강하게 자라서 제 짝을 만나고 가정을 이루는 일은 부모로서 더 바랄 게 없는 축복이다.

자식들이 결혼하고 배우자와 함께 지내는 시간이 늘면서, 우리와 함께하는 시간이 줄어들어 섭섭한 마음이 들기도 했다. 밥상에 둘러앉았던 단란한 네 식구에서 이제는 사위와 며느리, 손주들까지 늘어나 대가족 풍경으로 바뀌어 가고 있었다. '자식은 언젠가 떠나기 위해 키운다'라는 말이 이제야 가슴 깊이 와닿았다.

지금은 나와 아내 둘만 남았다. 조용한 거실, 전보다 횅한 식탁, 하지만 또 그만큼 더 넓어진 마음의 여유도 있다. 아이들이 자기 자리를 찾아 제 몫의 인생을 살아가는 걸 지켜보는 기쁨은 또 다른 보람이다.

때론 보고 싶어 전화기를 들고 문득문득 울컥하지만 나는 안다. 그들이 어디서든 아버지, 어머니처럼 살고 싶다고 말할 수 있다면 그것만으로도 나는 아주 행복하다. 자식들을 떠나보내며 나는 다시 배웠다. 부모는 자식의 그림자이자 그들의 길 위에 오래도록 비추어주는 빛이었다.

제11장 부모님의 마지막 길 그리고 황혼의 평화

1983년 9월 27일 사랑하고 존경하는 아버님이 소천하셨다. 갑작스럽지는 않았지만, 그 빈자리는 생각보다 컸다. 속 깊고 묵묵하셨던 아버님의 모습이 그리움으로만 남아있다. 아버님은 많은 걸 직접 말씀하시기보다는 그저 말없이 손발이 다 트도록 일만 하셨다. 자식들을 위해 늘 등에 짐을 지시고 앞장서서 걸어가셨다. 아버님이 떠나신 후 그 빈자리를 어떻게 감당해야 할지 몰라 많은 밤을 뜬눈으로 지새웠었던 기억이 난다.

그리고 2015년에 추석을 맞이하여 각처 살고 있던 자식들이 어머님께 백수(百旬. 100세) 잔치를 거하게 차려드렸다. 정말 자랑스러운 일이었다. 자식들과 손주들, 증손자들까지 모두 모였다. 집안의 중심이 되어 계신 어머님께 축복하고 감사하는 자리였다. 하지만 그 기쁨도 잠시였다. 약 3개월 후 2015년 11월 1일 어머님께서 소천하셨다.

나는 병원에 누워계신 계신 어머님 곁에서 마지막 한 달 정도를 지극정성으로 간호하였다. 어머님의 갈라진 손을 잡고, 거즈로 마른 입술을 적셔드리며 눈빛으로 이야기를 나누었다. 살아생전 그토록 강인하시고 부지런하셨던 어머님은 야윈 모습으로 말없이 내 곁을 떠나셨다. 부모님 두 분이 모두 안 계신다는 사실이 내 삶의 큰 아픔이었다.

두 자녀가 결혼하여 가정을 꾸리고 떠났다. 그 이후 나 또한 복잡한 도시 생활을 정리하고, 경북 청도 삼성산 밑 조용한 산자락에 자리를 잡았다. 지금까지 내가 살아온 시간을 되짚으며 평화롭게 지내고 있다. 매서웠던 바람은 산들바람이 되고, 해는 천천히 지고 시간은 더 이상 달려가지 않는 것 같다. 하루하루를 여유롭게 보내고 있다. 그리고 무엇보다 귀여운 손주들이 자라는 모습을 지켜볼 수 있는 지금이 나에게 남은 인생에서 가장 따뜻하고 고요한 계절인 것 같다.

이제 나는 예전처럼 바쁘게 살지는 않는다. 평일 아침이면 마당에 나와 감나무를 바라보고, 주말 점심에는 손주들이 모두 와서 재잘거림에 웃고 뛰어논다. 손주들이 행복하게 웃는 모습을 보면 내가 살아온 세월이 헛되지 않았다는 확신이 든다. 아내와 함께 밭을 가꾸고, 새소리에 귀 기울이며 오늘 하루를 감사히 보낸다.

모두가 집으로 돌아간 저녁이면 허전한 마음에 거실 벽면에 걸어놓은 부모님의 영정 사진을 보며 부모님을 불러본다. "아버님 어머님, 저 잘 살고 있지요?"라고 물어본다. 아마 하늘에서도 "장하다 우리 아들"이라고 등을 토닥여 주실 거라 믿는다.

그동안 참 많은 일이 있었다. 하지만 나는 후회하지 않는다. 다리가 하나 없는 몸으로도 이만큼 왔고, 많은 이들에게 희망을 주었다면, 그것으로 충분하다.

나에게 황혼의 길은 외롭지 않다. 왜냐하면 내 안에 부모님의 흔적이 있고 자식들의 웃음이 있고, 손주들의 미래가 있기 때문이다. 우리 부부에게 평화의 시간이 있게 해 준 모든 분께 감사한다.

에필로그

저의 인생 여정에서 가장 깊이 감사드려야 할 분들을 떠올려봅니다. 지금은 모두 소천하셨지만, 저를 낳아주시고, 진자리 마른자리 갈아 뉘시며 길러주신 부모님께 감사드립니다.

그다음은 저의 인생을 여기까지 올 수 있게 해 준 하나뿐인 아내 김일순 님, 불편한 내 곁에서 아픔과 기쁨의 순간마다 한결같은 마음으로 지켜준 사랑하는 당신이 있었기에 나는 무너지지 않았고, 당신의 인내와 눈물 그리고 따뜻한 가슴이 오늘의 나를 있게 했습니다. 평생 함께 해주어 고맙고 사랑하며 존경합니다.

나의 희망과 꿈인 두 자녀, 아들 임상열과 며느리 이지영, 딸 임상미와 사위 곽경욱 그리고 사돈 내외분들께도 깊이 고마움을 전합니다. 힘겨운 시절에도 늘 웃음으로 나를 일으켜주었고 각자의 길을 당당하게 걸어가는 모습에 나는 아버지로서 언제 어디서나 너희들을 자랑할 수 있습니다.

유수 같은 세월의 지남에 지금은 너희들도 자녀들을 품에 안고 가정이라는 큰 나무가 되어가는 모습 바라보며 아버지로서 한없이 뿌듯하고 감사할 따름입니다.

그리고 저의 형제자매님과, 친인척 분들과 지인분들, 그리고 늘 곁에서 응원해 주시고 여러 도움을 주셨던 모든 분께 깊이 감사드립니다.

마지막으로 저 자신에게도 감사합니다. 장애를 안고 지금까지 살면서 희로애락(喜怒哀樂), 자빠지고 넘어져도 또 일어서야만 했던 수많은 날 속에서도 여러분들의 따뜻한 손길과 위로는 지금까지 제 삶의 등불이었습니다. 이 책은 그 고마움에 대한 작은 기록이자 사랑에 대한 조용한 인사입니다. 저는 이제 황혼의 길을 걷고 있지만 그 길 위에도 모든 분의 사랑이 함께 고요히 비추고 있습니다.
항상 감사합니다.

8장

고마움, 그 따뜻한 발자취

문선화 지음

문선화

❑ **소개**
1. 희망이룸 대표
2. 대한웰다잉협회 웰다잉전문강사, 엔딩플랜 상담사
3. KODA 장기조직기증원 생명나눔 전문강사
4. 자서전출판협회 북구 지사장, 자서전출판지도사
5. 소상공인공단 희망리턴패키지 재취업전문강사, 사업정리컨설턴트
6. 고용센터 구직자취업역량강화프로그램 진행 전문강사
7. 광주교육청 진로취업 전문강사

❑ **저서**
1. 늦은 시작은 없다, 당신의 꿈을 응원합니다.(유페이퍼, 2025)
2. 내 삶을 바꾼 귀인(2025, 피플북)
3. 내 삶의 감사일기(2025, 피플북)
4. 진솔한 삶의 이야기 자서전 쓰기(2025, 피풀북)
5. 사브작사브작 나의 웰다잉(2025, 유페이퍼)
6. 내 삶을 다시 쓰는 중입니다(2025, 봄날의 책방)

❑ **연락처**
인스타: moonsunhwa13
블로그: https://blog.naver.com/msh3964
이메일: msh2980@daum.net

고마움, 그 따뜻한 발자취

✦✦✦✦✦

내 삶의 모든 순간순간에 나를 성장시키고 발전시킨 사람들이 있었다. 때로는 고통으로, 기쁨으로, 위로로, 아픈 충고로, 설레임으로, 실망으로, 든든함으로, 슬픔으로, 배신이라는 이름으로 미숙한 나를 이 세상에 생존을 위해 적응하게 만들었다. 그리고 멋진 인생을 살다가 잘 돌아갈 수 있도록 성장시켜 왔다.

매일 아침 눈뜨면서 그런 나의 삶을 회고하며 감사함으로 하루를 시작한 이 글쓰기가 또 나를 성장시키고 있다.

1. 엄마는 그렇게 누워서 무슨 생각을 하세요?

폐렴으로 죽음 직전에까지 간 아버지가 2번이나 살아나신 것은 엄마 덕분이라고 의사선생님이 인정하실 정도로 아버지에게 헌신하셨다. 이가 없으신 아버지를 위해 병원에서 주는 밥은 아버지가 못 드신다며 아버지가 입원해 있는 동안 아버지를 위한 아버지 만의 밥을 손수 해가지고 다니셨다. 차가 있는 우리도 그리하기 힘든데 매일 그리하셨다. 이러한 헌신의 노력으로 살려내신 것이다. 그런 어머니가 노년에 골다공증로 몸이 만신창이가 되셨다.

84세인 2년 전 어깨 골절이 채 낫기도 전에 대퇴부(고관절)골절로 이어졌다. 연이은 병원 생활로 자신이 아픈 것보다 자식들에게 피해를 준다고 생각하시고 너무나 미안해하셨다. 이런 와중에 아버지마저 죽음의 경계를 넘나드셨다.

그런 아버지가 생의 마지막을 요양병원이나 요양원으로 가시지 않고 누구나 원하는 **'집에서 사랑하는 사람들과 함께 마지막을 보**

내고 싶어 하는' 집이라는 안전하고 편안한 환경에서 마지막까지 보내신 것은 엄마 헌신과 희생 덕분이다.

엄마가 고관절 골절이 되셨을 때 '요양병원으로 가셔야 하나?'라는 고민을 했었다. 보통 노인이 고관절이 되면 요양원으로 가시고 누워계시다가 욕창으로 돌아가신다. 그러나 엄마는 자신이 못 걸으면 자식들이 힘들다고 자신의 두 발로 서기 위해 혼신의 힘을 다해 집에서 혼자 재활운동을 하셨고, 지금도 하시고 계신다. 그리고 지금은 보행기 도움을 받으시긴 하지만 자신의 두 발로 당당히 걸으신다.

울 엄마, 배움의 열정도, 흥도 많으신 여장부인 우리 엄마! 86세의 나이에도 손주들과 카카오톡으로 대화를 하시는 배움의 열정이 끝이 없으신 우리 엄마!! 엄마 집에 갈 때마다 엄마가 누워있으신 모습을 본 적이 거의 없다. 항상 앉아서 성경책을 읽고 계시거나 필사를 하시거나 기도를 하고 계셨다.

잠잘 때 외에는 단 한 순간도 누워계시지 않고 기도하고, 쓰고, 읽고 계신 어머니를 보면서 "엄마 허리도 아픈데 좀 누워계시지"라는 말을 엄마 집에 갈 때마다 했던 것 같다. 그리고 그렇게 앉아 있는게 허리 건강에 안좋을까 봐, 또 아프다고 할까 봐 누워 있지 않고 앉아 있는 것에 대한 싫은 소리를 많이 했다.

요즘에 엄마 집에 들르면 항상 앉아서 성경을 읽거나 쓰거나 기도를 하고 계셨던 엄마가 곧잘 누워계신다. 그렇게 자주 누워 계신 엄마를 보니 너무 마음이 아프다.

"엄마! 엄마는 그렇게 누워서 무슨 생각을 하세요?"
"기도하느라 무슨 생각을 할 겨를이 없다. 너희 다섯 형제 손자 손주, 증손자, 너희 아버지, 돌아가신 부모님들, 주변사람들 기도를 하다보면 하루가 모자라다."라고 하셨다.

엄마가 누워서도 기도하느라 외로움을 생각할 시간이 없으셔서 참 다행이다. 우리 엄마는 이런 분이셨다.

아버지를 생각하면 항상 돋보기를 대시고 책을 읽으시던 모습이 떠오른다. 그러나 엄마를 생각하면 '아프다는 말', '밥맛이 없다'는 말만 떠오른다'라고 했었다. 그런데 사실은 엄마를 생각하면 항상 성격을 쓰고 기도를 하고 사셨다. 그리고 단 한 순간도 시간의 헛되이 쓰시지를 않았다는 것과 자식들을 위한 기도와 항상 최선을 다해 사셨다는 것을 엄마와의 대화를 통해 비로소 알게 되었다.

"엄마! 엄마는 무엇이 하고 싶으셨어요?"
"난 붓글씨가 그렇게 배우고 싶었다."

왜 진작 물어보지 않았을까? 지금 엄마는 재작년에 카페트에서 옆으로 넘어졌는데 오른쪽 어깨가 골절이 되어 철심을 박아놓았다. 그래서 오른쪽 어깨를 잘 못쓰신다. 당연히 하고 싶은 붓글씨를 쓰기가 어려우시다.

붓글씨 대신에 무엇을 하게 해드릴까?" 생각해보니 시니어 그림그리기가 있었다. 그래서 엄마에게 여쭈어보니 너무 좋다고 하셨다. 예전에 성당 성서대학에서 그림을 그렸는데 잘 그려서 칭찬을 받았다고 즐겁게 이야기 하셨다.

당장 시니어 그림책을 주문했다. 작은 아이가 미대 준비한다고 그림을 그렸을 때 사용하던 색연필을 할머니 가져다 드리라고 모두 챙겨주었다. 내일은 색칠공부 그림책을 가지고 엄마하테 간다.

엄마가 살아계셔서 너무 감사하다. 그리고 엄마에게 지금이라도 엄마가 하시고 싶은 것을 하시도록 도와드릴 수가 있어서 너무 감사하다. 엄마에게 나의 도움이 필요하다는 것이 너무 다행이다. 잠시라고 들러 한 끼라도 더 엄마와 함께 밥을 먹을 기회가 있어 정말 다행이다.

2. 스스로 세입자라 칭하는 둘째 딸

자고 일어나면 머리가 삐죽빼죽해서 매일 드라이어를 잡고 컬을 만들거나 펴야 한다. 이제는 그것마저도 귀찮다. 그래서 '드라이

안 하는 방법이 없을까?' 하고 지나가는 말로 했는데 둘째 아이가 '엄마 이거 써보세요!' 하면서 헤어롤을 두 개를 주었다.

그 헤어롤은 참으로 유용했다. 그 롤러는 집게가 달린 롤러였다. 집게로 집어 머리를 돌돌 말아놓으면 적당한 컬과 볼륨이 있어 드라이를 안 해도 되는 신박 템이었다. 그래서 어디든 두 개만 가지고 가면 된다.

둘째 아이는 만물 창고처럼 말만 하면 무엇이든 나온다. 심지어 제 것을 살 때마다 엄마 것도 샀다고 무언가를 한 개씩 주는데 템이 신박하고 너무 마음에 든다.

어린 시절 동네 아주머니들로부터 '리틀 심은하'라는 별명을 들으면서 자란 둘째 아이는 내 이야기를 들어주는 상담자이기도 하다. MZ 세대의 상담자인 둘째 아이 덕분에 청년들을 대상으로 하는 집단 프로그램이나 강의를 많이 하는 나는 둘째 아이와의 대화나 조언이 때로는 인정머리 없게 느껴지기도 하지만 돌이켜 보

면 그 인정머리 없음이 청년들의 현명한 판단이었음을 시인하지 않을 수 없었다.

1인 기업을 운영하는 나는 매번 강의며 컨설팅으로 외부 일정이 많아 행정업무를 새벽까지 해야 할 때도 많다. 업무가 밀릴 때마다

 둘째가 도와드릴 거 없냐며 손을 넣어준다. 둘째의 손이 가면 금방 끝난다. 디자인이며 행정처리며 내가 두 번 손이 가지 않아도 될 만큼 일하는 것이 나보다 더 믿을 만하다.

 둘째 아이는 스스로를 세입자라고 말한다. 집을 나가면 집세로 50만 원을 주어야 하는데 지금은 학생이라 부모님 집에 살고 있으니 자신을 세입자라 칭한다. 그래서 집에 필요한 물품들을 구입해서 비치해 놓거나 장을 봐오면서도 오히려 "무료 세입자인데 이 정도는 해야 하지 않나요?"라고 말한다. 그리고 집에서의 대소사 일들을 많이 해결해 준다. 주말부부로 항상 남편과 아빠의 부재중 상황에 남편이 해주어야 할 일들을 그동안 우리 집 둘째 딸이 해

주고 있었다.

그런데 어느새 부터인지 둘째 딸이 해주는 그런 일들을 당연하게 여기고 있었다. 그런 나를 반성하며 '**나의 삶에 너라는 인간 사이다가 있어 이 세상에서의 나의 삶이 풍성했다, 정말 고맙다**'고 말하고 싶다. 둘째 딸은 하늘이 이 세상에 나를 내려보내며 내가 외롭고 힘들지 말라고 하늘이 나와 함께 보내준 조력자임에 틀림없다.

3. 직업상담사라는 직업을 알게 해준 진병균 실장님

17년 경력단절 후 44세라는 나이로 직업학교 훈련 사무원으로 어렵게 취업했다. 나의 일은 행정사무 업무였지만 훈련생들이 고민이 있으면 상담도 해주고, 때로는 강사님 대신 수업 보조로도 들어가기도 하고 홍보 문서도 만드는 등의 다양한 업무를 해내었다.

두어 달 가량 일한 것을 보시던 진병균 홍보실장님께서 "문 샘은 직업상담사를 하면 정말 잘할 거 같은데 직업상담사를 해보지?"라고 하셨다. 귀가 얇아 사람들 말을 잘 믿는 나는 "그래요? 그게 뭔데요?"라고 물어보고 그때부터 직업상담사가 무엇을 하는 일인지 알아보았다.

결혼 전 직업훈련교사로 직업훈련 교육을 시켜 취업을 보낸 경험이 있었기에 직업상담사라는 직업이 귀에 더 잘 들렸나 보다.

그래서 직업상담사 채용공고를 보며 어떤 자격을 필요로 하는지 어디에서 일할 수 있는지 파악하였다.

당시 직업상담사는 알려진 직업도 아니었고, 취업처는 주로 고용센터 등의 관공서나 유관기관들이었다. 직업훈련과정도 6개월 정도 걸렸다. 무엇보다 국가기술자격 기사 2급이면서 자격증 취득률이 20% 내외로 합격률이 낮은 편이었다. 공부에서 손을 놓은지 너무 오래되기도 했고, 40대 중반의 나이는 돌아서면 잊어버리는 나이였다. '내가 과연 일하면서 자격증을 취득할 수 있을까?'라는 걱정도 되었다.

무엇보다 취득 후에는 나이가 45세. '이 나이에 자격증을 취득한다고 직업상담사로 취업이 될까?'라는 생각이 들었다. 그러나 전문적인 직업을 가지려면 뭐라도 해야 된다는 마음에 '직업상담사로 취업하려면 무엇을 해야 돼?'로 물음을 바꾸기로 하였다. 그렇게 시작된 직업상담사의 길은 나의 천직이었다.

직업상담사로 일하면서 진병균 홍보 실장님을 만나려고 이 훈련기관에 왔다는 생각이 들 정도로 직업상담사로서 사람들의 일자리를 알선하고 취업을 시키는 일이 재미있었고 성취감도 컸다. 진병균 홍보실장님이 아니었으면 내가 직업상담사를 어찌 알았고 내가 만난 수많은 사람들의 직업을 찾아 주었을까?

내가 일을 함으로써 나와 우리 가정이 살았기에, 직업상담사로서 한 명의 구직자에게 직업을 찾도록 도와주는 일은 그 가정을 살리는 일이라는 자부심으로 일한다. 그러기에 수많은 가정을 살게 하리라 생각하며 오늘도 직업상담사로서 구직자 한 명 한 명에게 최선을 다해 컨설팅을 진행한다.

내가 잘하고 좋아하는 일을 생업으로 삼는다는 것은 엄청난 행운이다. 게다가 사람들을 희망이 보이게 하고 잘 살아가도록 동기 부여하는 일이다. 그런 일을 알게 해준 진병균 실장님에게 너무나 감사하다.

4. 나의 삶에 훅 들어온 동네 그녀들

큰아이 때는 출산부터 3살까지 친정 부모님이 거의 키워주셨다. 그러나 둘째 출산에 임박해서 광주로 이사 온 나는 부모형제자매가 모두 시외에 있어서 혼자 동떨어진 데다 주말부부인 탓에 독박육아로 힘든 시기였다. 성격 역시 내향형의 성향으로 동네 사람들 사귀기도 쉽지가 않은 성격이었다. 그런 나의 삶에 성격과 사회성이 아주 좋은 윗집 아주머니(아주머니라고 부르기보다 나랑 나이가 같으니 친구이다)와 그 친구와 잘 지내시는 동네 아주머니들이 내 삶에 훅 하고 들어왔다.

윗집 친구는 워낙 사회성이 좋아 함께 시장을 가려고 나서서 마트에까지 가는 길에 평균 5-6명의 아는 사람을 만나 이야기를 나눈다. 그 친구는 참으로 현명해서 아이들과도 소통이 잘 되었다. 동네에서 도움이 필요한 사람이 있으면 내 일처럼 아낌없이 도움을 주는 그녀였다. 나랑 나이가 같은 나이인데도 그녀에게 사회를 배우고 사람들과 잘 지내는 법을 배우며 언니처럼 많은 의지를 하며 살았었다.

우리 집은 주말부부로 남편이 거의 부재중인 상황이라 동네분들은 우리 집으로 자주 놀러 와서 아이들과 함께 놀아주고 음식도 만들어 가지고 와서 나누어 먹었다. 그렇게 하다 보니 앞집과도 현관문을 열어두고 살게 되었다. 물론 시장 갈 때나 급한 볼일이 생기면 서로가 아이들을 맡기고 일을 보러 다녔다.

우리 아이들은 윗집 언니랑 놀려면 윗집 언니가 공부가 끝나기를 기다릴 줄 아는 인내심도 그때 배웠다. 아이들까지도 내복을 입고 서로의 집을 오가며 놀고 공부했다. 우리 아이들은 그렇게 태어나면서부터 사회를 배운 셈이었다.

매일 아이들을 어린이집 보내고 서로의 집에 돌아가면서 모여 다과하며 놀다가 애들 오는 시간 되면 각자 흩어져 집으로 돌아가고 그렇게 육아의 힘든 시기를 동네 사람들과 함께 보냈다. 나의 육아일기는 인디언 속담에 나오는 '아이 하나를 키우려면 온 동네가 필요하다'는 것을 증명했다.

몇 년 간을 그리 살았다. 워낙 내향형이면서 사람들에 대한 관심이 많이 없던 나는 매번 사람들이 모이고 떠들썩하게 이야기를 하는 것이 마음이 편한 것만은 아니었다. 나의 삶이 송두리째 없어지는 것 같아서 우리 집에 사람들이 모이는 것이 사실은 많이 불편하기도 하고 힘들었다. 그리고 낮에 사람들로부터 받은 스트레스를 나도 모르게 아이들한테 푸는 나를 발견했다.

그래서 우리 집에 사람들이 모이지 않게, 또 내가 사람들에게 불려가지 않게 하는 방법으로 아이들이 어린이집에, 학교에 간 시간에 직업학교를 다니고, 성당을 다녔다. 그런 나를 보고 사람들은 신앙심이 깊다고 하고, 부지런하다고 했다.

그러나 그때 사람들로부터 벗어나는 방법으로 내가 집에 있지 않고 밖으로 나간 것이 최선이었고 갈 곳이 없어 직업학교로 갔던 것이다. 17년 경력단절 이후 재취업의 발판이 된 컴활이며 워드프로세서, 전산세무회계 자격증을 그 시절에 취득했다.

그러나 그 시절의 그녀들은 세상과 사람을 잘 몰랐던 내게 사회를 공부시켜주고 나의 육아를 도와 주었던, 우리 아이들까지도 작은 사회를 배운 아주 소중한 동네였고 사람들이었다. 그때 이후 이미 두 번의 이사를 통해 그때 그 사람들과의 연락은 끊겼지만, 나의 힘든 육아기의 시절을 함께해 준 윗집 친구와 동네 아주머니들에게 진심으로 감사를 드린다.

9장

덕분입니다

이현정 지음

이현정

❑ **소개**
1. 대한웰다잉협회 서울지부장
2. 대한웰다잉협회 전문 강사
3. 한국장기조직기증원 전문 강사

❑ **저서**
1. 지는 꽃이 아닌 영원한 꽃(유페이퍼, 2025)
2. 내 삶을 다시 쓰는 중입니다.(공저, 봄날의 책방, 2025)

❑ **연락처**
이메일: lhj4775@naver.com
블로그: https://blog.naver.com/lhj4775

덕분입니다.

✦✦✦✦✦

1. 덕분에 존재하게 되었습니다.

　나는 1남 4녀의 막내로 태어났다. 지금은 딸이 귀한 대접을 받지만 내가 태어난 1970년대에는 아들이 귀한 대접을 받았다. 남아선호 사상으로 모두들 아들을 원하는 시대였다. 우리 부모님도 예외는 아니었다. 어떻게든 아들 하나 더 얻고 싶은 마음에 나를 가지게 되었다고 한다. 둘째로 아들을 낳은 후 계속 딸만 낳으니, 엄마의 불안감도 컸을 것이다. 당시는 산파가 동네에 있었다고 한다. 엄마는 자신의 배 모양을 산파에게 물어보았다고 한다. 산파는 배 모양이 틀림없이 아들 배라고 했단다. 엄마는 분명 아들이라는 생각에 기대하고 출산을 했지만 막상 낳아보니 딸이었던 것이다.

　엄마는 무척 실망하셨단다. 그래서 겨울에 태어난 나를 아랫목이 아닌 윗목에 두고 많이 우셨다고 했다. 내가 태어난 배경을 알고 난 후 엄마에게 서운한 감정이 들었다. 그런데 다 이해한다. 나 또한 딸이길 바라면서 낳은 우리 둘째가 아들이었을 때 잠시 서운한 맘이 들었기 때문이다. 엄마도 서운한 마음은 잠시였다고 하셨다. 지금은 엄마가 우리 막내 안 낳았으면 어쨌을 뻔 했냐고 하신다.

매일 안부 전화 드리고 서울에 오시면 당연히 우리 집으로 오시는 것으로 알고 계실 만큼 편해 하신다. 가끔 생각해 본다. 나를 이 세상에 존재하게 해준 이름도 얼굴도 모르는 산파님은 과연 어떤 분이실까?

2. 덕분에 사랑을 알았습니다.

친정아버지는 사랑이 너무 많으신 분이다. 너무 가정적이시고 자식 사랑은 두말할 나위가 없으신 분이다. 딸이 태어나서 아버지도 조금은 서운한 마음이 있으셨을 것이다. 하지만 어려서 아버지가 얼마나 사랑으로 키웠는지 언니, 오빠의 증언을 통해서 알 수 있었다. 어릴 적 단독주택에 살았다. 마당에는 평상이 있고 절구통도 있었다. 개, 고양이도 키우던 그 집에서 나는 태어났다. 돌이 안 되었을 무렵의 일이다. 한여름 평상에서 아빠가 누워계시고 아빠 배 위에서 내가 낮잠을 잤다고 한다.

여름이어서 땀띠 때문에 기저귀도 채우지 않았다고 했다. 그런데 내가 자다가 그만 아빠 배 위에서 실수했다고 한다. 언니들이 어? 하면서 놀래자, 아빠는 조용히 하라는 신호를 보내셨다고 한다. 내가 놀래서 쉬를 하지 않을까 봐 걱정되셨다고 한다.

세월이 지나 나 또한 부모가 되어보니 아빠의 이 사랑은 끝이 없는 무한대의 사랑이었다. 조건 없이 받기만 하던 이 사랑을 언제나 갚을 수 있을까 하는 생각이 늘 함께했다. 그런데 보답을 해드릴 기회가 왔다. 친정엄마가 인공관절 수술을 받게 되면서 서울로 올라오셨다.

문제는 아버지였다. 그때 아버지는 치매 증상이 있으셨다. 또한 간암 말기 진단을 받으신 상태였다. 항암치료를 중단하고 아버지는 거의 정상인에 가깝게 생활하셨다. 큰언니가 친정 근처에 살고 있었지만 엄마 껌딱지인 아버지는 서울에 같이 가시겠다고 하셨다. 그리고 막내 집에서 있고 싶다고 하셨다.

나는 일을 하고 있는 상태에서 24시간 아버지를 돌보아야 하는 상황에 부딪혔다. 나는 두 번 고민하지 않았다. 남편 또한 흔쾌히 우리 집으로 오시라고 했다. 한 달 동안 모든 일을 접고 아빠와 길다면 길고 짧다면 짧은 여정이 시작되었다.

아침 식사부터 근처 공원에서 산책, 그리고 점심, 집에서 약간의 운동, 저녁 식사가 하루의 루틴이었다. 나는 아빠의 병명을 잘 알고 있기에 내가 은혜를 갚을 수 있는 마지막 기회라고 생각했다. 지금, 이 순간 잘못하면 평생 가슴에 깊은 상처가 되리라는 것을 알고 있었다. 나는 내 나름대로 최선을 다해서 편하게 웃으면서 정성을 다했다. 가족 단톡방에 아빠의 일거수일투족을 공유했다. 언니, 오빠들은 아빠의 표정이 너무 좋으시다고 좋아했다. 그리고 막내에게 미안한 마음이 든다고 했다.

나는 이런 기회가 있어서 너무 감사하다고 했다. 결혼 후 부모와 이렇게 긴 시간 같이 있다는 것이 나에게는 선물이었다. 우리 집에 계시는 동안 살도 찌고 치매도 조금은 나아지도록 애를 썼다.

엄마의 퇴원으로 부모님은 다시 집으로 돌아가셨다. 나는 다시 나의 일상으로 복귀했다. 그런데 나름대로 최선을 다했다고 했지만 아쉬움이 많이 남았다. 그로부터 1년 후에 아버지는 소천을 하시게 된다. 만남의 끝에는 이별이 있다는 것을 알고 있지만 너무나 마음이 무너져 내렸다. 우리 집에 계실 때 더 잘해 드리지 못한 것에 대한 후회가 밀려왔다. 언니, 오빠는 네가 받은 사랑 아빠에게 다 쏟아부었기 때문에 힘들어하지 말라고 했다.

지금 생각해 보면 그때의 시간이 내 인생에서 가장 소중한 시간이기도 했다. 만약 아빠와의 이런 시간이 없었다면 아마 나는 더 큰 슬픔에 빠져있었을지도 모른다. 나는 아빠를 통해서 사랑을 알게 됐고 그 사랑을 주변 사람들에게 전하는 삶을 살게 되었다. 모두 다 아빠의 사랑 덕분입니다.

3. 덕분에 배웠습니다.

아버지는 초등학교 선생님이셨다. 박봉으로 자녀들을 공부시키는 것이 많이 힘드셨을 것이다. 큰언니 다음이 오빠였다. 얼마나 귀한 외아들인가. 큰언니는 공부를 무척 잘했다. 그리고 미스코리아를 권유할 정도로 무척 미인이었다. 큰언니, 오빠는 2년 터울이다. 부모님은 오빠를 먼저 대학에 보내고 큰언니에게는 조금 나중에 진학하라고 했다. 그때는 큰언니의 마음을 어린 동생들은 전혀 알 수가 없었다. 그런데 성장하면서 큰언니가 너무 안쓰럽게 여겨졌다. 큰언니는 고등학교를 졸업하고 회사 비서실에서 근무했다. 큰언니의 친구들은 대학에 진학하고 유학을 다녀오고 했다. 그 마음이 얼마나 속상했을지 어릴 때는 몰랐다. 지금 생각해 보면 동생들을 위해 진학을 포기하고 생업 전선에 뛰어든 큰언니에게 미안한 마음이 크다.

막내로 태어난 나는 많은 혜택을 받고 자랐다. 초등학교 2학년 때부터 피아노를 배우기 시작했다. 그리고 큰언니가 피아노를 사주었고 클래식 카세트테이프 전집을 사주기도 했다. 언니의 도움으로 피아노 학원을 계속해서 다녔다. 교회에서 반주자로 열심히 봉사했다. 그리고 큰언니 친구가 독일에서 성악을 공부해서 서울의 좋은 교수님도 소개해 주었다. 덕분에 나는 피아노를 전공하게 된다. 아마 동생에 대한 사랑이 없었다면 그런 희생을 감당하기 어려웠을 것이다.

큰언니는 친구들보다 조금 늦게 대학에 진학하고 대학원까지 졸업했다. 그리고 국문학을 전공한 큰언니는 외국인을 대상으로 한국어를 교육하는 일을 하고 있다. 누군가를 위해서 나를 희생하는 일은 말처럼 쉽지만은 않다. 그것이 동생이라도 쉽지 않은 결정일 수 있다. 하지만 기꺼이 동생을 위해 희생한 큰언니 덕분에 배움의 길을 갈 수 있게 되었다. 모든 것이 큰언니 덕분입니다.

4. 덕분에 인생을 배우고 있습니다.

4년째 매주 경로당에서 어르신들을 뵙고 있다. 많은 다양한 분들을 통해 사람 공부도 하고 어르신들을 통해 인생을 배우고 있다. 앞으로 내 미래의 모습이라는 생각이 들면서 전혀 이질감을 느끼지 못하고 있다. 매년 같은 경로당을 거의 1년 가까이 뵙고 보니 어르신들의 가정사를 조금씩 알게 되었다. 형제자매간의 불화로 얼굴도 보지 않고 사시는 분, 자식의 문제로 고민하시는 분들 다양한 문제를 안고 계신 것을 볼 수 있다.

이것이 바로 인생사가 아닌가 싶다. 나는 강의를 나가지만 어르신들을 통해 더 많은 것을 배우고 온다. 삶의 경험을 허심탄회하게 말씀하시는 모습을 보며 나는 간접적인 인생 경험을 하게 된다.

한번은 사전연명의료의향서를 작성하는 수업이 있는 날이었다. 많은 분이 교육 후에 작성하셨다. 그런데 유독 한 분이 안절부절못하는 모습이었다. 나는 조심히 다가갔다. 귓속말로 도움이 필요하세요? 라고 했다. 그랬더니 그 어머님은 아주 작은 목소리로 글을 모르신다고 하셨다. 많이 부끄러워하셨다. 나는 그분을 모시고 한쪽 모퉁이로 갔다. 그리고 어머님의 손을 잡고 같이 써 내려갔다. 그 어머니는 친정엄마가 학교를 보내주지 않았다며 자신의 처지를 말씀하셨다. 나는 지금이라도 늦지 않으셨으니 한글 공부를 권유해 드렸다.

수업이 끝난 후 경로당을 나오려는데 그 어머니가 따라 나오셨다. 그러시면서 5만 원 짜리 지폐 한 장을 손에 꼬옥 쥐어 주셨다. 나는 절대 안 된다고 했다. 그 어머니는 엄마가 딸에게 주는 거라고 생각하라고 하셨다. 정말 고마워서 그러는 것이니 저녁에 남편하고 맛있는 거 사 먹으라고 하셨다. 받지 않으면 어머니가 큰 상처를 받을 만큼 간절하게 주셨다. 그래서 "오늘 저녁에 남편과 맛있는 거 사 먹을게요"라고 말씀드리고 받았다. 그 어머니는 내 손을 꼭 잡아 주셨다. 진심으로 고마워하는 마음이 느껴졌다. 누군가에게 도움을 드린다는 것은 상대방은 내가 생각한 것보다 더 크게 받아들일 수 있다는 생각이 들었다. 엄마의 마음이 느껴졌다.

   다른 경로당에서 있었던 일이다. 젊어서 자녀 없이 이혼하시고 1인 가구로 사시는 70대 어머님이 계셨다. 이 어머님은 미래에 대해 많은 불안감을 가지고 계셨다. 내가 혼자 있다가 아플 때 어디서 도움을 받게 되는지, 또한 내가 사는 이 집은 나중에 어떻게 되는지 등등 궁금한 것도 불안한 것도 많으셨다. 그래서 실버타운이나 요양원 등에 대해 말씀드렸다. 그리고 나중에 필요하시면 언제든지 전화하시라며 나의 연락처를 드렸다.

   그 후로 어머님은 일주일에 두 번 정도 전화를 하셨다. 나는 바쁜 와중에도 친절하게 전화를 받아주었다. 하루는 어머님이 집에 와서 과일을 먹고 가라는 전화를 하셨다. 나는 극구 사양했다. 왜냐하면 전화로 상담은 얼마든지 해드릴 수 있지만 방문은 조금은 조심스러웠다. 세 번 정도 사양했는데 더는 안 되겠다 싶어 방문하기로 했다. 어머님은 차를 가져오라고 했다. 줄 것이 있다시며.

   나는 짬을 내서 시간을 약속하고 방문을 하였다. 마치 딸이 온 듯 반갑게 맞이해 주셨다. 수박부터 온갖 과일을 내오셨다. 그만 주시라고 해도 소용이 없었다. 같이 과일을 먹으면서 이런저런 이야기를 나눴다. 어머님은 늘 혼자만 있다가 얘기할 사람이 있으니 너무 좋다고 하셨다.

그래서 여러 가지 노후에 준비해야 하는 것들과 도움을 요청할 수 있는 경로를 말씀드렸다. 어머니는 고마운 마음이 크셨던 모양이다. 1시간 쯤 후에 나오려는데 찹쌀, 토마토, 사탕수수 설탕, 가래떡 등 이거저것 챙겨주셨다. 다리도 아프신데 주차장까지 오셔서 차 트렁크에 다 올려주셨다. 혼자 사니 많이 외롭다고 하시면서 가끔 전화해도 되냐고 하셨다. 그래서 언제든지 연락하시라고 말씀드렸다.

나는 어르신들을 보면서 앞으로 나의 노후를 그려본다. 내가 어떻게 살아가야 하고 어떠한 준비를 해 놓아야 할지 이론이 아니라 어르신들의 실생활을 보면서 배우게 된다. "인생은 만만하지 않아, 그래도 살다보면 살아져"라고 하신다. 수업 중에 어르신들의 한마디 한마디에는 인생이 묻어나 있다. 나는 가끔 생각한다. 강의를 나가는 것이 아니라 인생을 배우러 가는 것이라고.

5. 덕분에 다니고 있습니다.

늦은 나이에 대학원에 입학했다. 결정하는데 여러 가지 걸리는 문제들이 있었다. 이것저것 생각하다 보니 결정하는데 방해만 될

뿐이었다. '앞만 보고 가자'라는 심정으로 남편을 포함한 주변 사람들에게 통보를 해버렸다. 일단 시작을 하고 나니 주변의 모든 상황들이 나의 일정으로 돌아가는 것을 느꼈다.

   체력적으로 힘들 때도 있었지만 힘든 내색을 하지 못했다. 왜냐하면 오롯이 내가 결정하고 나의 만족을 위해 시작한 것이기 때문이다. 시작이 반이라고 벌써 3학기가 끝나고 4학기에 들어간다. 내가 학교에 다니면서 가장 피해 아닌 피해를 보는 사람은 바로 남편일 것이다.

   아무래도 식사부터 여러 가지 신경을 쓰지 못하는 부분이 있다. 하지만 남편은 아무런 내색을 하지 않았다. 오히려 일찍 서울에 도착하는 날이면 늘 전철역에서 기다렸다가 같이 저녁을 먹고 들어갔다. 나름 대학원에 다니면서 데이트를 하게 되었다.

   다음으로 나를 응원해 주신 분은 친정엄마다. 한 살이라도 더 늦기 전에 시작하라고 용기를 부어 주셨다. 그리고 학기가 끝날 때마다 늘 고생했다고 말씀하셨다. 세월이 빠르게 흘러서 아마 금방 졸업할 거라고 하셨다. 누군가가 나를 응원해 주는 사람이 옆에 있다는 것은 행복한 일이다.

   다음으로 둘째 언니는 공부하는데 체력이 떨어지면 안 된다면서 홍삼을 계속해서 지원해 주었다. 지금도 매일 먹으면서 잘 버티고 있다. 누군가에게 사랑을 받고 있다는 느낌만으로도 큰 활력소가 된다. 덕분에 새 학기를 기분 좋게 맞이할 수 있을 것 같다.

6. 에필로그

다 기억하지는 못하지만, 지금의 내가 있기까지는 많은 분들의 사랑과 관심 덕분일 것이다. 받는 것보다 주는 것이 더 행복하다는 말처럼, 내가 받은 사랑 이제는 많이 베풀고 사랑하면서 살아가야겠다. 가장 가까운 사람부터 주변의 나를 아는 모든 사람에게 존재만으로도 기쁨이 되는 삶을 살고 싶다.

특히나 관계의 어려움으로 힘들어하는 분들에게 용기를 주고 위로를 주는 삶을 살고 싶다. 왜냐하면 나 또한 많은 사람들 덕분에 이 자리에 있기 때문이다. 받은 사랑 돌려주는 것이 자연의 이치가 아닐까 싶다.

"우리 모두는 혼자서는 한 방울에 불과하다. 그러나 함께 모이면 바다가 된다."

- 류 윌리엄스

10장

불꽃의 파편, 다시 사는 인생

전진영 지음

전진영

❏ 소개
1. 한국방송작가협회 방송작가
2. 대한웰다잉협회 웰다잉 전문강사

❏ 연락처
쓰레드: beyond.julia7
이메일: springjulia@naver.com
유튜브: https://www.youtube.com/@spring-writer

불꽃의 파편, 다시 사는 인생

✦✦✦✦✦

"영원히 살 것처럼 꿈꾸고, 내일 죽을 것처럼 살아라." 제임스 딘의 말처럼 생은 무한의 착각 속에서 지극히 유한하고, 거기에 치열함을 덧대어가며 지속되고 있다. 그 모든 생의 시나리오에 앞서, 보고 듣고 느낄 수 있게 된 가장 근본의 원인은 숨통을 붙잡고, 울음을 터뜨렸기 때문이 아닐까. 아니, 그보다 앞서 지금의 내가 있을 수 있었던 가장 큰 원인, 그 지점은 과연 어디라고 생각하는가.

1. 나의 기억 _ 불꽃의 춤

나갈 구멍이라고는 보이지 않는데, 그의 처절함과는 달리 난 참 그의 품이 따뜻하고 포근했다. 바깥 상황이야 어떻든 안락한 코지형 소파에 안겨있는 그 느낌은 돌이켜보면 비현실의 끝자락이었다.

어쩔 수 없었다. 출구는 단 하나.

엉겨 붙은 구조물이 떨어지고 하나 남은 출구조차 이미 반쯤 잠식당할 때, 그는 허리를 구부렸다. 나를 감싸고 등을 포기했다. 그 대가로 얻은 것은 평생 안고 가야 할 화석과 같은 꾸덕꾸덕한 살의 눌어붙은 흉터.
 아차. 찬 공기.
 겨울이었구나.
 겨울의 냄새.
 금방 한기가 몰려들었다.

 둘러선 사람들 사이로
 모두가 한 방향으로 쳐다보고 있는 그곳은
 내가 머물던 나의 집이었다.

 그제야 보였다.
 시뻘건 불길과 검은 연기가
 집을 휘감고
 굿판처럼 춤추던

 인간의 나약함 따위
 아랑곳하지 않던 불꽃의 춤이
 현실과 비현실이 오갔던 그 날의 기억

 여느 날과 다름없었다. 방학이라 집에서 머물던 시간이 많았고, 보통의 날 그리고 아주 당연히 주어졌던 날이었다. 너무 당연해서 그랬을까? 당연한 날이라는 생각을 비틀어 버리려고 나타난 인생 최대의 큰 위기의 날은 그렇게 조용히 나타났다.

그래, 초등학교 3학년 겨울방학이었다.

그 밤, 아무 냄새도, 아무 소리도, 아무 눈치도 못 챈 나는 꿈속을 신나게 돌아다니고 있었다. 정말 영원히 살 것처럼 꿈꾸고 있었다. 돌돌 말려진 이불 사이로 굵직한 손이 허리를 감싸 안을 때, 그제야 비스듬히 눈을 뜰 뿐이었다.

아주 비현실적이고 격정적이었던 그날은 어린 나의 시선으로 담기엔 영화 같기만 했다. 나를 품에 안은 그, 굵직한 손의 주인공, 나의 아버지.

마루에 놓여있던 텔레비전과 피아노가 화마에 휩싸이고, 전선이 터지면서 피어난 불꽃의 파편이 나의 발등에 닿아 흔적을 남길 때, 출구가 봉쇄되어 가는 찰나 같은 그 순간에 아버지는 나를 안고, 불꽃을 뚫고 나오셨다.

그 밤, 나는 다시 생을 이어갈 수 있었다.
그래, 그의 선택과 용기 덕분에.

2. 그의 기억 _ 하나, 둘, 셋, 넷, 다섯, 하아... 감사합니다

모두가 잠든 밤, 고요한 새벽.
"이상하다? 여보, 타는 냄새가 나, 마루에 한 번 나가 봐야겠어요"
"내가 나가볼게."

'방문을 여니, 연기가 자욱하다. 어디서 나오는 거지? 설마 불인가?' 불의 형상은 보이지 않고, 문틈 사이로 연기만 폭폭 새어 나오는 곳이 보인다. 저긴, 큰아들 방이다. 아차, 자고 있으면 어떡하나. 큰일이다! 무심코 손잡이를 잡았다.

"앗, 뜨거워!"

살짝 열린 틈 사이로 화마가 치고 나온다. 더 이상 태울 것이 없어 질식사할 것처럼 숨막혀 했던 불꽃이 새로운 공기를 만나 솟구쳐 오른다.

차마 입이 떼어지지 않는다. 그러나 현실이다. 급박하다.

"불이야!! 불이야!! 얘들아!! 여보!"

매캐한 연기에 정신이 아득해진다. '어떻게 된 거지? 이게 무슨 일이지?' 생각할 겨를이 없다. 아내가 뛰어나온다. 작은방에서 아이들이 나온다. 큰아들도 나온다. '아! 다행이다' 짧은 순간 안도의 한숨을 돌릴 새도 없이 점점 숨이 막혀온다.
"아빠, 어디로 나가야 해요?"

방금까지 고요했던 마루가 순식간에 벌겋게 변했다. 마당과 연결된 베란다 문이 보인다.

"저기 저 문으로 나가!"
"아빠, 문이 안 열려요!"

와장창, 큰아이가 베란다 창문을 깬다. 아이들이 나간다. 다행이다. 그 옆으로 겨울이라 놓아두었던 가정용 석유 난로가 보인다. 들어내야 한다. "여보, 그냥 가요, 안돼요" 아내의 만류가 들려온다. 시간이 다급하다. 잡아끄는 아내의 손에 이끌려 마지못해 집을 나선다. 여기저기 집안의 가재도구가 화마로 인해 터지고, 그 소리에 새벽잠을 깬 이웃들이 이미 119에 신고했다고 전한다.

'언제쯤 오려나, 빨리 소방차가 와야 할 텐데'
아이들, 아이들이 보인다. 동시에, 싸한 느낌이 등골을 스친다. '어 이상하다, 하나, 둘.. 한 아이가 보이지 않는다!
막내..? 막내딸이 보이지 않는다!' "여보!! 막내가..막내가 보이지 않아요!!"

아내의 소리침과 동시에 반자동적으로 몸이 들뜬다. 화마가 꿀꺽꿀꺽 삼키고 있는 집을 향해 다시 뛰어 들어가야만 한다. 생각할 새도 겨를도 없이 불꽃으로 뛰어든다. '작은방.. 작은방에서 자고 있을 텐데, 어디 있는 거지?' 숨쉬기도 어려운데, 나의 딸 어디에 있니?'

발바닥에 치이는 이불들을 걷어내기 시작한다. 물컹 무언가 잡힌

다. '아! 막내다!' 아무것도 모르고 새근 자고 있는 아이를 들쳐 안았다. 다시 나가야 한다. 아차, 베란다는 이미 불길에 잠식당했다. 하나 남은 출입구는 구조물이 붕괴되면서 불꽃에 휩싸여 있지만, 엎드리면 되겠다. 화상은 입겠지만 나갈 수는 있겠다. 아이를 품에 꼭 안았다…

호흡도 잘되지 않는 상황, 불을 향해 다시 뛰어 들어간다. 올 때처럼 또다시 뛰어 들어간다. 그러나 이번엔 출구다. 이곳만 지나면 다시 살 수 있다. 뜨겁다, 등이 녹아져 내리는 느낌이다.

살린다. 내가 살고, 아이가 살 수 있는 길. 그 길을 열거다. 다시 살 거다. 막지 마라. 너, 불꽃 우리 생을 막지 마라. 막지 마라…

치열한 불꽃과의 사투 끝에 아이를 다시 얻었다. 삶을 다시 얻었다. 하나, 둘, 셋, 넷, 다섯.
우리 모두 살았구나. 그래 다섯이다. 다섯이면 됐다.

삶, 다시 살아내면 그만이다.

3. 그녀의 기억 _ 그래도 생은 계속된다. 되어야만 한다.

단란했던 가정, 보통의 화목했던 날들을 화마에 도둑 당하고, 그래도 그 잠결에 연기 냄새를 맡아 다행이다. 그래도 가족 모두 살아서 다행이다.

　매캐한 연기 속에서 이불을 둘러쓴 채 아이들이 땅바닥에 앉아 있다. 선홍색의 붉은 피가 하얀 이불을 물들이고 있다. 큰아이의 피다. 베란다 창문을 깨느라 팔이 찢어졌지만, 고작 옷자락으로 지혈하고 있을 뿐이다.

　왜 안 오는지, 언제 오는지, 신고한 지가 한 시간이 넘었는데도, 아직 가고 있다는 소방차는 어쩜 그렇게 늦게 오는지, 결국 도착한 소방관의 입에선, 주차된 차들 때문에 이동이 여의치 않았다는 야속한 말만 내뱉을 뿐이었다. 더 이상 남길 것도 없이 다 태워버리고, 뼈대만 남은 집의 형체에 머언 물을 뿌리기 시작한다.

　길고도 긴 밤이다. 당장 머물 곳이 없는데, 앞집에서 방 하나를 내어준다. 급한 대로 둘째와 막내 아이를 맡겨놓고, 외상을 입은 큰아이와 남편과 함께 병원으로 간다.

　막막함일까? 헛헛함일까? 허탈함일까? 무엇으로도 표현할 수가 없다. 물건들을 향해 소유한다고 하지만, 일상도 소유하고 있었나 보다. 불이 내 소중한 일상을 훔쳐 갔으니, 상실감이 이루 말할 수 없다. 참, 눈물도 씨가 말랐나 보다.

　짧은 시간, 영원히 계속될 것만 같았던 밤이 끝나고, 아침이다.

근처 친척 집에 상황을 설명하고, 당장 아이들부터 지낼 수 있도록 부탁한다. 고모의 두 손에 아이들을 맡기고, 그나마 친척이 있어 다행이라 여기며, 돌아선다.

다시 찾은 집.
어디서부터 잘못되었을까, 어디서부터 다시 시작해야 할까, 다시 시작할 수는 있을까? 다시 복구할 수는 있을까? 새카맣다. 모든 게 새카맣다. 소중하게 생각한 모든 것들이 혹은, 무심코 그 자리를 지키고 있었던 모든 것들이 거멓게, 물에 젖은 채, 축축하게, 주인을 맞이한다. 석탄 덩어리인지 뭔지 형체도 알아보지 못할 거뭇한 덩어리들 사이에서 사진들이 보인다. 결혼사진이다. 아이들 사진이다.

아이들에겐 보이고 싶지 않다. 그냥 부모의 몫이다. 오롯이 감당하자. 그저 좋은 것만 보여주고 싶다. 이 공간이 복구되기 전엔 불러들이지 않을 생각이다. 이 큰 슬픔은 부모가 감당하기에도 벅차다. 여기저기 도움의 손길들이 전해져 온다. 이웃들의 선의, 교회의 선의, 당장 아이들이 개학하면 필요한 학용품들부터 가재도구들, 모든 것이 선물로 들어온다. 그래, 아직 살만한 세상이구나, 이 선의를 다 어떻게 갚을 것인가.

그래도 우리 가족 모두 다 살아서 다행이다. 물건이야 다시 사면 되고, 돈이야 있다가도 없고, 없다가도 있는 게 돈이니, 나의 소중한 아이들, 그리고 사랑하는 남편. 그 모든 건 그대로 아닌가, 살아있지 않은가, 참 감사하다.

큰 아이의 팔도 흉터는 남겠지만, 다행히 아물어가고, 막내를 안고 나오느라 화상을 입은 남편의 등도 계속된 치료에 서서히 나아가고 있다. 그래, 그 정도라서 참 다행이다.

전기 누전이라는 어이없는 원인에 할 말을 잃었지만, 왜 우리한테 이런 일이 일어났을까 막막한 하늘에 물어보지만, 그러나 살아야지, 그러나 다시 살아가야지, 내일은 내일의 태양이 뜨고, 다시 희망을 붙잡고, 그래도 감사하고 감사하며 살아가자. 희망이다.

4. 다시, 나의 기억 _ 나의 부모님

그날이 있고, 며칠이나 지났을까. 빠른 추진력과, 생애 대한 의지, 그리고, 자녀들에 대한 사랑이 넘치는 부모님 덕에 다행히 집은 빠르게 복구되었다. 도배와 장판을 새로 하고 꼭 필요한 물건들을 넣으니, 집은 새집이었다.

가재도구를 사러 시장에 같이 가자는 부모님의 말씀에 종종 따라갔던 길. 남대문 시장이었다. 없는 게 없던 곳. 이런저런 집기류들을 사고 지나치는 길에서 좌판이 펼쳐져 있었다. 인형들을 팔고 있는 좌판이었다. 글쎄, 가지고 싶은 것은 다 사주셨던 부모님이셨다. 고명딸이라며, 예쁘게 생각하고, 아낌없는 사랑을 주셨다. 그런 덕에 내 방은 늘 인형들로 가득 차 있었다. 공주 인형, 왕자 인형, 봉제 인형, 인형의 집, 이젠 화마에 모든 게 다 사라지고 덩그러니 방만 남아 있었는데, 난 사실 크게 개의치 않았었다.

인형 좌판에서 멈춰 선 건 부모님이었다.

"막내야, 마음에 드는 것 하나 골라봐, 사줄게"

그냥 지나쳐도 되었을 그 좌판 앞에서 두 개의 인형이 보였다. 하나는 키티 인형, 하나는 토끼 인형,

"아저씨, 이건 얼마예요?"

"응, 키티는 2만 원, 토끼는 만 원."

사실 키티 인형이 갖고 싶었다. 분홍색 리본의 귀여운.

그렇지만 내 입에선.
"엄마, 나, 토끼 인형 할래, 토끼가 귀여워."

나를 지긋이 바라보고 있는 부모님의 얼굴에 행복이 스쳐간다. 아빠 주머니에서 나오는 만 원이 아저씨의 손에 들어간다. 토끼 인형이 내 품에 안겨진다.

화마가 가져온 건 철듦이었다. 갖고 싶은 것들을 무심코 턱턱 내뱉던 나를 떠나보내는 날이었다. 나만을 생각하던 시절에서 부모의 시절이 보이는 날이었다. 그날, 가정의 경제와 서슬 퍼런 현실, 그 돈과 욕구 사이를 셈하는 나를 마주했다.

물론, 2만 원짜리 키티 인형이 좋다고 얘기했다면, 당연히 기꺼이 키티 인형을 사주셨겠지. 고명딸의 행복한 얼굴에 밝음만을 주고 싶으셨으니까.

그러나 가격 앞에서 망설였던 건 오히려 나였다. 어차피 '인형 따위 아무렴 어때, 이전에 내가 아끼고 사랑했던 모든 물건들은 하나도 남지 않았고, 이젠 더 갖고 싶은 것도 없으니 괜찮아'하며, 갖고 싶은 것들, 인형들에 눈길조차 주지 않았었다. 하지만 막상 마주한 인형 좌판에서 부모의 주머니 사정을 걱정했던 나는, 어쩌면 외면하고 있었지만, 나름의 상실을 애써 감당하고 있었던 건 아닐까 생각이 든다.

잊히지도 않았다. 토끼 인형을 볼 때마다 생각났던 키티 인형, 그리고 그것보다 더 박제되어 나타나는 어리숙하게 철든 나의 선택.

그날 저녁, 새 집?에 들어가면서 인천에 사는 삼촌네가 찾아왔다. 그래도 집들이라고, 고기 집에서 가족들끼리 다 같이 식사하는 자리였다. 얼마만의 고기인지, 행사가 있는 날이면, 둘러앉아 먹던 돼지갈비였는데, 참 오랜만이기도 했다.

고소한 냄새가 솔솔 피어나고, 배고픈 찰나에 한 점 두 점 먹기 시작하는데, 세 자녀 입에 들어가기 바쁜 고기를 묵묵히 굽던 엄마의 손이 미세하게 떨린다.

멀끔히 고개를 올려다보았다. 그리고, 보고 말았다. 엄마의 눈가에 또로록 흘러내리는 눈물 한 방울. 그리고 두 방울. 세 방울...

사실, 한 번도 보지 못했다. 엄마가, 그리고 아빠가 힘들어하는 모습은, 불탄 집조차 좀처럼 내보여 주지 않았던, 오지 말라 말씀만 하셔서 그냥 그러려니 했었는데, 사실 모든 걸 감당하고 계셨던 사람들이었다. 사랑 하나로 모든 현실을 두 어깨에 단단히 메어둔 채 견디어내고, 감당해 내고 있었던 평범한 부부였다.

그날, 엄마의 눈물이 평생 내 가슴에 묻혀 지금도 울림을 주는 것은 견디어내고 있다는 부모라는 이름의 멍에가 느껴져서일까?, 그럼에도 불구하고 다시 살아내는 부모라는 삶이 어린 나의 가슴 속에서도 큰 진동을 느끼게 해서일까.

돌이켜보면, 부모도 청춘이 있고, 낭만이 있고, 인생이 있는데, 가정이라는 무형의 울타리를 지켜내느라, 참 많이도 애쓰고 버티고,

생의 시간을 아낌없이 남김없이 다 쏟아내고 있는 건 아니었을까.

생은 계속되고 살아가다 보니, 살아지는? 무덤덤함 속에 또 하루가 시작된다. 세월은 지나고, 시간은 약이 되고, 모든 것은 추억이 되어가고 있지만, 가슴속에 살아있는 불꽃 하나는, 끝내 꺼지지 않을 불꽃 하나는 내 부모에 대한 감사와 사랑이다. 잘 길러주셔서 감사하고, 그 덕에 저 역시 생을 감사히 덧대어 가고 있다고. 가슴 깊이 그리고 사무치게 외쳐본다.

"사랑합니다."

에필로그

자꾸만 편지를 쓰고 싶어집니다. 새어 나오는 감사와 사랑이 손을 움직이고 표현하게 합니다.

아빠, 그날 불꽃을 두려워하지 않고, 다시 들어와 날 안고 세상에 살게 해주셔서 감사해요. 그래서 전 다시 사는 인생이라는 걸 여실히 느끼며 살아가요. 모든 게 사라져 없어졌을 수 있었는데, 이런 공기, 맛있는 음식, 가족들 모든 것이 소중하게 느껴져요.

제가 살아가고 행하는 모든 것들이 당연하지 않아요, 그래서 더 감사히 살아가려고요. 아빠, 앞으로도 건강하고 행복하게 살아가요.

고맙고 감사드립니다. 사랑합니다.

엄마, 힘드셨죠? 그날 엄마가 우리 모두를 깨워주시고 지켜주셔서 감사해요. 나이 들고 보니, 모든 세월이 그냥 지나가는 건 없더라고요. 엄마의 삶은 항상 힘들어도, 지쳐도, 그럼에도 불구하고, 긍정을 택하시고, 노래를 부르셨어요.

늘 웃음으로 가득 차 있었어요. 그래서 전 엄마를 보며, 인생의 긍정을 배웠어요. 가족에 대한 넘치는 사랑과 행복 배우게 해주셔서 감사합니다. 앞으로도 건강히 웃으면서 살아가요.

사랑합니다.

당연한 건 당연하지 않아요, 생도 죽음도 경계 없이 함께 있죠. 나이가 어리고 나이가 많고, 상관없답니다. 탄생에는 순서가 있어도 소멸엔 순서가 없거든요. 그래서 하루가 소중합니다. 용서하고, 화해하고, 내려놓고, 웃고, 더 많이 표현하고, 더 많이 사랑하세요. 저도 그렇게 할 테니까요.

11장

당신 덕분에 내가 살았습니다

최웅열 지음

최웅열

❏ **소개**
1. 선문대학교 (전)시간강사
2. 대한웰다잉협회 웰다잉전문강사
3. 독서토론 진행자

❏ **저서**
 책 숲의 삶 (다래헌 출판, 2020)

❏ **연락처**
핸드폰: 010-5140-8340
이메일: chwy8340@naver.com

당신 덕분에 내가 살았습니다

✦✦✦✦✦

들어가는 글

　내 나이 이제 칠십을 넘겼다. 고단하고 긴 세월을 지나 이만큼 살아온 지금, 뒤돌아보니 내 삶은 언제나 누군가의 사랑과 도움 속에서 이어져 왔음을 알게 된다.

　젊을 적에는 내 힘으로 살아왔다고 믿었던 순간도 있었다. 결국 그 뒤에는 언제나 나를 지켜주고 이끌어준 이들의 손길이 있었다. 가족의 정성과 친구의 위로, 스승의 가르침과 이웃의 따뜻한 관심이 모여 오늘의 나를 만들었다.

　인생은 결코 혼자의 길이 아니었다. 수많은 인연과 사랑이 얽히고 쌓여 삶이 되었다. 이제는 그 고마움을 잊지 않고, 나 또한 작은 힘이나마 누군가에게 내어줄 수 있는 사람이 되고 싶다. 이 글은 나를 살아오게 한 은혜의 이름들을 되새기며 고마움과 사랑을 담은 이야기이다.

1. 할머니의 사랑

나는 태어나자마자 어머니의 품이 아닌 할머니와 할아버지의 손에서 자랐다. 당시 어머니는 동생을 임신 중이었다. 나를 돌볼 여건이 되지 않아 시골에 계신 할머니 집으로 보냈다. 그래서 초등학교에 입학하기 전까지 나는 할머니 집에서 자랐다.

밥상을 차려주고 잠자리에서 등을 토닥여 주시던 할머니의 따스한 손길은 지금도 생생하다. 토요일이면 막내 고모와 함께 시골집으로 갔다. 일요일 오후 읍내 집으로 돌아올 때면 발걸음이 떨어지지 않아 산등성이까지 울며 고모와 같이 읍내로 갔다. 어머니보다 먼저 사랑을 알게 해주신 분이 바로 할머니였다.

할아버지는 손자들 가운데 장남인 나를 더욱 아껴주었다. 할머니가 돌아가신 뒤에는 읍내 아버지 댁에서 함께 지냈다. 농사일을 도와주고 겨울이 되면 엽총을 메고 꿩과 토끼, 노루를 잡으러 산에 갔다. 눈 덮인 날이면 아버지와 작은아버지 그리고 나까지 함께 사냥을 했다. 잡아 온 토끼와 꿩을 요리해서 온 가족이 둘러앉아 먹던 식사는 특별한 음식이었다.

아버지는 서울로 올라와 과일 장사를 시작하였다. 할아버지도 서울로 올라와서 왕십리 골목 작은 구멍가게를 운영하였다. 그러다. 돌아가신 후 충북 음성군 생극면 선산에 모셨다. 명절이나 제사일이면 산소에 찾아가서 헌화하며 감사의 마음을 전했다. 나는 할머니와 할아버지의 사랑 속에서 유년기를 지낼 수 있었던 것을 깊이 감사한다. 내 삶의 뿌리가 되었고, 지금까지도 내 마음을 따뜻하게 지켜주는 힘이 되었다.

그리움

할머니가 그립다
오늘따라 더욱 그립다

어린 시절
작은 손을 잡고
동네 한 바퀴 돌아주던
따스한 손

밥상 위
밥, 찌개, 반찬이
내 입맛에 맞는다

세월은 흘러
곁에 없지만
온기가 가슴에 담아 있다.

하늘을 바라본다
구름 모양을 찾는다
흰 물결 속에 할머니가 보인다

2. 고모의 따뜻한 울타리

나는 초등학교에 입학하면서부터는 읍내에서 장사를 하시던 아버지와 함께 살았다. 아버지 어머니보다 고모와 가까이 지냈다. 조카이면서 동생처럼 대해주고 귀여워하였다.

고모는 언제나 내 편이 되어 주었다. 용돈을 쥐여 주고, 계절이 바뀔 때면 옷가지를 챙겨 주었다. 고모의 작은 손길과 보살핌은 흔들리기 쉬운 청소년기의 나를 감싸 주는 울타리가 되었다.
군 제대 후 서울로 올라와 취업 준비를 하던 시절, 고모는 망설임 없이 나를 집에 머물게 해주었다. 낯설고 막막한 서울살이 속에서 생활비를 주었다. 고모의 따뜻한 말이 위로가 되고 서울 생활에 적응하게 되었다. 직장을 얻고 첫 월급을 받았을 때, 누구보다 먼저 나의 기쁨을 함께해 준 고모였다. 어려움이 닥치면 언제든 찾아가 마음을 털어놓을 수 있는 고모가 세상에서 가장 든든한 버팀목이었다.

철물 가게를 운영하시며 힘들고 고단한 삶을 살아왔지만, 여든의 나이에도 꿋꿋하게 일을 이어가는 모습이 귀감이 된 고모였다. 가끔 전화를 드리면 고모는 언제나 환한 목소리로 반겨 주셨다. "잘 지내니?" 짧은 안부 속에서도 정이 묻어 나왔다.

그 목소리만으로도 내 마음은 따뜻해졌다. 그런 고모가 내 곁에서 오래오래 살아주셨으면 좋겠다. 내 삶의 힘들었던 길목에서 늘 따뜻한 울타리가 되어 주신 고모이다. 그 사랑의 빛이 지금도 내 마음에 잔잔한 여운으로 남아 있다.

3. 당신 덕분에 살아왔습니다.

나는 교회 총무로 봉사하면서 학생 지도와 청년회 활동을 하였다. 교인의 소개로 동갑 아내를 만났다. 아내는 직장을 다니면서 명동에 있는 교회의 봉사활동을 열심히 하였다. 아내는 8남매 중 다섯째이고, 고향은 전북 정읍이다.

결혼을 앞두고 있던 시절, 경제적으로 넉넉하지 못해 고민이 많았다. 아내는 그런 내 마음을 헤아려 직접 돈을 마련했다. 왕십리 근처에 작은 구멍가게와 방 하나 있는 셋방을 얻어 신혼살림을 시작했다. 나는 아내를 통해 진짜 인생의 동반자가 무엇인지 배웠다. 아내는 강인했고, 무엇보다 따뜻한 사람이었다.

결혼을 한 후 아내가 나에게 준 첫 선물은 벼루이다. 서예를 하는 나는 선물을 받고 좋았다. 애장품 1호가 벼루이다. 지금까지 아내가 선물한 벼루로 글씨를 쓰면서 아내의 정을 느낀다.

　신혼생활을 시작하였다. 첫딸을 낳고 얼마 지나지 않아 아내는 허리 통증이 심해서 병원 진료 결과 고관절염이었다. 수술은 하지 않고 약물로 치료했다. 3개월간 병상에 누워 지내야 했다. 그 시절은 내 인생에서 가장 힘든 시간이었다. 병간호와 어린 딸의 육아까지 감당하며 마음이 지쳤다. 병원비와 생활비가 걱정이 되었다.

　장모님과 처형, 동서들의 도움이 큰 힘이 되었다. 장모님은 병원에 자주 가주고 치료비와 간병을 해주었다. 처형들과 동서들도 아내의 간병과 집안일에 도움을 주었다. 안타깝게도 아내는 4개월 된 태아를 지켜내지 못했다. 그 슬픔은 오래 남았지만, 그 아픔을 함께 견뎌준 가족들이 있어 우리는 버틸 수 있었다.
　가족의 사랑은 위기 속에서 더 깊어졌다.

아내가 퇴원하고 나는 목회 생활을 시작하였다. 아내와 같이 교인을 만나서 신앙 지도와 상담을 하면서 전도 활동을 하였다. 나는 대외적인 활동을 하고 아내는 교인들의 신앙생활 지도를 해주었다. 목회자인 나보다는 아내가 교인들에게 인기가 더 많았다.

60세가 되면서 아내는 고관절에 염증이 나서 수술을 할 수밖에 없었다. 수술하고 한 달간 입원을 하였다. 몇 개월 동안 재활치료를 하면서 걸을 수 있었다. 1년이 지나서 첫째 딸이 있는 미국 LA로 여행을 갔다. 시내 관광은 휠체어로 이동하였다. 두 달 동안 여행을 하면서 아내는 즐거워했다. 아내와 같이 찍은 사진을 보면 새록새록 생각이 난다.

딸들이 결혼해서 가정을 이루고 외손녀 출산을 할 때마다 산후조리하기 위해서 몇 개월간 미국으로 갔다. 몸이 불편해도 산모를 위한 마음은 깊었다. 셋째 딸이 결혼을 하고 몇 년이 지나도 임신이 되지 않아서 걱정이 되었다. 수술을 통해서 어렵게 임신을 하게 되면서 아내는 산모를 위한 음식을 매일 만들어서 먹게 하였다. 자식에 대한 사랑은 아버지의 정보다는 어머니의 사랑이 깊었다. 나이가 들어도 자식에게 주는 사랑은 더 넓고 깊은 것 같다. 나는 아내를 보면서 존경하는 마음이다.

가정 살림과 육아로 인해서 공부하지 못한 아쉬움이 있었다. 딸들이 대학교 졸업을 한 후에 만학하였다. 서울 성북구 지인 집에서 거주하면서 주야로 공부하였다. 한국방송통신대학교 관광학과 입학을 하고 학기 과제를 하기 위해서 주말마다 학습관에 가서 수업을 받으며 공부하였다. 과제물이 있으면 도와주고 답사에 동행을 하였다.

지역 학생회장을 맡으면서 동기생들에게 친목을 다지고 학습 환경을 만들어주었다. 졸업을 한 후 동창생 모임 리더로 활동을 하면서 문화답사를 하고 있다. 아내는 학구열이 있어서 만학의 꿈을 이루었다.

아내는 지역사회 봉사활동과 도 감시관 활동을 하면서 사회활동을 열심하고 있다. 파크골프를 하면서 몸 관리를 하고 리더를 하면서 회원들과 친목을 다지고 있다. 친선대회에 출전해서 경기하고 심판을 보는 아내가 대단하다고 생각한다. 아내 권유로 파크 골프를 하였다. 주말이 되면 골프장에 가서 36홀 라운드를 한다. 2시간이 소요되고 8,000보가 되어서 유산소 운동이다. 아내와 같이 골프를 하면서 담소를 나누는 즐거운 시간이다.

4. 내 옆에서

내 옆에 아내가 있다
곁에 있어도

나는 문득, 행복을 놓치고 있다

하루에도 몇 번씩
잔소리와 핀잔이 오가고
나는 그 소리에 조용히 등을 돌린다
며칠간 아내가 집을 비우면 허전하다

허공의 자리
잔소리마저 듣고 싶어진다
있으면 멀리하고 싶고,
떨어지면 그리워진다
참 이상한 마음이다

나이 들어 보니

둘뿐인 집에서 아내는 친구이자 다정한 이웃사촌인데
아옹다옹 티격태격하면서도
웃음을 나누는 사이
서로의 그늘이 되어주는 사람

내 곁의 아내가 '있어서'가 아니라
'함께' 있어서 좋은 사람

5. 당신을 생각하면서

　당신과 부부의 연을 맺고 함께 살아온 지 벌써 40년이 넘었네요. 처음 당신을 보았을 때 가슴이 설레고, 마음이 두근거리던 순간이 아직도 눈에 선합니다. 그때는 참 서툴고 아무것도 가진 것 없었지만, 우리는 용기 내어 함께 시작했지요.

　돌이켜보면 우리의 삶은 결코 쉽지 않았습니다. 무일푼으로 시작한 살림살이, 작은방에서 첫아이를 품에 안고 눈물과 웃음을 함께 나누던 시간들…. 힘들고 지친 순간에도 당신은 늘 제 곁에서 꿋꿋이 버팀목이 되어주었습니다. 그때의 당신의 미소와 따뜻한 손길이 없었다면, 지금의 저는 아마 여기까지 오지 못했을 것입니다.

　당신은 제게 아내이자, 친구이자, 믿음의 동반자였습니다. 저의 부족함을 감싸주고, 흔들릴 때마다 다시 일어설 용기를 주었지요.

무엇보다도 당신은 '사랑'이라는 말보다 더 깊고 넓은 마음으로 저를 안아주었습니다.

이제 당신의 얼굴을 바라보면 세월의 흔적이 고스란히 담긴 주름이 눈에 들어옵니다. 장미 한 송이 변변히 건네지 못하고, "사랑해"라는 말도 자주 하지 못한 제가 참 미안한 마음입니다. 하지만 제 남은 날들이 길지 않더라도, 하루하루를 당신의 손을 잡고 감사와 사랑으로 채워가고 싶습니다.

당신은 제 삶의 전부였고, 앞으로도 여전히 그렇습니다.
고맙습니다. 그리고 사랑합니다.

2025. 8.30

당신을 사랑하는 남편

에필로그

지금 생각해 보면, 내 삶은 늘 누군가의 사랑과 헌신 속에 있었다. 나는 부족했고, 늘 무언가에 쫓기듯 허둥대며 살았다. 그러나 그런 나를 묵묵히 품어주고 이끌어준 사람들이 있었기에 여기까지 걸어올 수 있었다.

어린 시절 나를 키워 주신 할머니, 삶의 길을 열어주신 아버지, 빈자리를 채워주신 고모, 긴 세월 함께 살아주며 내 곁을 지켜준 아내, 따뜻한 밥상을 내어주신 장모님, 자매처럼 챙겨준 처형들, 늘 형제처럼 함께해 준 동서들. 나는 그 모든 이름을 하나하나 가슴에 새긴다. 그들의 마음이 내 삶을 이루는 뿌리였음을 이제야 온전히 깨닫는다.

결국 인생은 혼자가 아니라는 것을 알게 되었다. 우리는 타인의 손길에 기대어 살아가고, 또 누군가의 어깨가 되어주며 비로소 삶의 무게를 견딘다. 나를 지탱해 준 은혜와 사랑은 내 생애 가장 큰 자산이다. 그것을 잊지 않고, 내 삶에서도 누군가에게 작은 빛과 힘이 되고 싶다.

"나이가 들어 철이 든다"라는 말처럼, 삶은 그저 내가 걸어온 길이 아니라 함께 걸어준 이들의 발자취였다. 그래서 말할 수 있다.

"당신 덕분에 내가 살아왔습니다."

그 고백이 내 삶의 마지막 문장이자, 앞으로 남은 길을 살아가는 가장 큰 힘이 된다.

12장

그해 여름, 당신이 남긴 선물

이현정 지음

이 현 정
李 賢 正

❏ 소개

1. 대한웰다잉협회 웰다잉 전문강사, 엔딩플랜 상담사
2. 보건복지부 사회복지 정책 상담사
3. 사전연명의료의향서 상담사
4. 웰다잉 심리 상담사
5. 노인 통합교육 지도사
6. 노인 미술 심리 상담사
7. 사회복지사
8. KODA 생명존중 생명나눔 전문강사
9. 前 KBS 웰다잉 지도사 과정 전임강사

❏ 저서

1. 지하철, 지금 하늘 철들기 / (유페이퍼,2025)
2. 라일락, 나는 날마다 행복합니다 / (유페이퍼,2025)
3. 내 삶을 다시 쓰는 중입니다 (공저) / (봄날의 책방,2025)

❏ 연락처

이메일: silbia7312@naver.com

그해 여름, 당신이 남긴 선물

✦✦✦✦✦

1. 삼복더위

올해도 어김없이 더위가 찾아왔다. 며칠째 이어지는 폭염과 열대야로 하루하루가 찜통이다. 지구온난화의 영향인지 해가 갈수록 점점 더 더워지는 기분이다. 한낮 기온이 40도에 육박하고 연일 최고 기온을 기록했다는 뉴스가 연이어 보도된다.

밤이 돼도 식지 않는 열기로 에어컨을 틀지 않고는 도저히 견딜 수 없을 만큼 숨이 컥컥 막히고 자고 일어나도 몸이 개운하지 않다. '여름감기는 개도 안 걸린다'라는 말이 있는데 요즘엔 에어컨 탓에 여름에도 감기 환자가 많단다.

밤새 에어컨과 선풍기를 틀고 자서인지 어제오늘 목이 잠기고 목소리가 쾌청치 않다. 말로 먹고사는 일을 하는 직업이라 목에 예민한데 내일은 일찍 병원에 가보아야겠다.

어릴 적 기억 속 여름은 시골에 있는 외갓집과 이모네 집에서 지냈던 천방지축 모습이다. 방학만 되면 공부는 뒷전이고 외가로,

이모네로 나달아 가기가 바빴다.

그때는 환경오염 같은 게 없어서 시골이면 어디든 집 앞 냇가에서 멱을 감을 수도 있었고 온 천지가 다 놀이터였다. 수영복이나 선크림이 없어도 러닝에 팬티만 입고서도 아무렇지 않게 무료로 자연을 즐길 수 있었다.

저녁이면 마당에 모깃불을 피우고 평상에 누워 하늘 위에 총총히 빛나던 별들도 맘껏 볼 수 있었고 커다란 부채로 바람을 일으키며 바람과 함께 더위도 밀어냈다.

졸린 눈을 비비며 모깃불에 넣어 둔 감자랑 옥수수가 익기를 기다리며 두런두런 얘기도 많이 나눴던 거 같은데 꼭 눈을 뜨면 방 안에 펼쳐 놓은 파란색 모기장 안이었다. 밤이면 펼쳤다가 아침이면 다시 걷어 두던 모기장은 마치 커다란 잠자리 날개로 만든 텐트 같았는데 모기장 안에 들어가 있으면 마냥 신기하고 재미있었.

2. 매미가 전한 여름날의 기억

주말 아침, 베란다에 있는 화분에 물을 주러 나갔는데 11층 우리 집 베란다 방충망에 매미가 매달려 있다.

"여보! 여기 봐. 매미야, 매미!"

호들갑을 떨며 소파에 누워있는 남편을 불렀는데 옆 창문에 2마리가 더 있다. 날이 너무 더워 매미도 정신이 없었는지? 길을 잃었는지? 알 수 없지만 이렇게 우리 집까지 찾아와 깜짝 쇼를 펼쳐주니 신기할 따름이다.

(주말아침 베란다에 찾아 온 손님)

"맴맴맴맴매~~~앰"

어떤 이는 매미 소리가 시끄럽다며 듣기 싫다고 한다. 하지만 나는 매미 소리에 비교적 호의적이다. 그렇지 않아도 더워서 힘든 여름, 매미 소리마저 없었다면 어땠을까? 덕분에 푹푹 찌는 듯한 더위가 한결 시원하게 느껴지고 공기가 청량해지는 느낌이다. 마치 멀리서 시원한 파도 소리가 들리는 듯 착각에 빠진다.

주말 아침, 베란다에 달라붙은 매미를 보고 있자니 기억이 가물가물 떠오르는 한 사람이 있다.

3. 우연한 선물

나에겐 해마다 날이 더워지면 집에서 편하게 즐겨 입는 인견 바지가 하나 있다. 색상도 촌스럽고 모양도 촌스러워 입는 즉시 시골 할머니 패션이 되어버리는 일명 '몸빼' 바지다.

요즘 유행하는 밑단이 고무줄 처리되어 있어 운동복 느낌을 주는 세련된 디자인의 조거 팬츠도 아니고 일하면서 편하게 입도록 만들어진 현대식 감각의 냉장고 바지도 아니다.

오래전 시어머니 친구분이 재봉틀로 손수 박아 만들어 주신 바지다. 시댁에 들렀다가 시어머니로부터 전해 받았다.

"쎄레나가 너 주라고 했다. 쎄레나가 민규랑 며느리한테 주라고 하더라. 쎄레나가 직접 만들었단다."

아마도 그분의 가톨릭 세례명이 '세레나'일 것 같은데 우리 시댁에서는 그 발음을 강하게 하여 "쎄레나"라고 불렀다.

"주머니가 있는 쪽이 왼쪽이란다. 꼭 주머니가 왼쪽으로 가게 해서 입으라더라."

전문가가 아니신 분이 집에서 대충 만드신 옷이라 상표 같은 것도 없고 허리가 고무줄로 된 바지라 당연히 앞과 뒤를 구분하기도 어렵게 생겼다. 주머니를 한쪽에만 달아서 앞뒤를 구분하게 하신 모양인데 참으로 만드신 분의 지혜가 돋보이는 대목이다.

"아버지랑 어머니 입으시지 왜 우리까지 주셨대요?"

옆에서 듣고 계시던 시아버지께서 말씀하신다.

"이미 엄마랑 아빠 것도 하나씩 줬지. 애미야, 아빠가 입어보니 얼마나 가볍고 시원한지 몰라. 아빠는 시원해서 아주 잘 입고 있어"

친구의 며느리까지 챙겨주신 일은 진심으로 감사했으나 젊은 나이의 내가 입기엔 스타일이 너무 구렸다. 선물로 주신 거니 받아오기는 했으나 솔직히 입고 싶은 마음은 없었다.

그래도 성의를 생각해서 '집에서 입는데 뭐 어떠냐? 오늘은 시골 할머니 스타일이다.'라고 생각하며 장난삼아 두어 번 입어보았는데 입을 때마다 시아버지 말씀처럼 정말 가볍고 시원했다. 더운 날씨에도 들러붙지 않고 주름도 잘 가지 않았다. 또 빨래해서 널어두면 금방 말라 관리도 수월했다. 그리고 무엇보다 편했다.

그렇게 한 번 두 번 입다 보니 어느새 익숙해져 쓰레기 버리러 갈 때도 입고 집 앞 슈퍼 갈 때도 입고 점점 활동 반경을 늘려갔다. 그러다 누구 아는 사람이라도 만나면 조금은 창피하기도 하고 내 모습이 우스꽝스럽게 볼일 것만 같아 부끄럽기도 했다.

그러나 내가 누군가? 능글능글한 표정으로 웃으며, "우리 시어머니 친구분이 만들어 주셨어요. 얼마나 가볍고 좋은지 몰라요."라며 먼저 너스레를 떨며 말했다.

(쎄레나 아주머니가 만들어 주신 바지)

반면 남편은 "이런 할아버지 옷을 누가 입냐?"라며 거들떠보지도 않았다. 그래도 우리 부부를 생각하며 직접 만들어 주신, 정성이 아주 많이 들어간 옷인데 그냥 버릴 수는 없었다. 그래서 그냥 서랍 속에 잘 넣어두었다. 그러다가 훗날 우리 집 작은아이가 몸집이 커져 알맞게 되었을 때 아이 잠옷으로 입혔는데 몇 년 잘 입었다.

성격이 순하고 소탈한 아이는 스타일이 구려도 마다하지 않고 잘 입어주었다. 아마도 가볍고 시원해서 싫지는 않았던 모양이다. 그렇게 몇 해 입었는데 작아져서 못 입었는지 찢어져서 못 입었는지 하도 오래되어 기억이 가물가물하다.

반면 내 바지는 그에 비해 비교적 튼튼해서 해마다 여름이면 '주머니가 왼쪽으로 가게'를 생각하며 아직도 늘 애장하는 바지가 되었다.

어느 날, 시어머니로부터 쎄레나 아주머니가 돌아가셨다는 소식을 들었다. 유방암으로 투병 중이라는 말은 들었으나 남의 일이라 생각되어 별로 신경 쓰지 않고 있었는데 생각지도 못한 순간 그만 돌아가 버리시고 말았다. 벌써 오래전 일이다.

몇 번 뵙기는 했으나 밝고 명랑한 성격에 활달하고 잘 웃으시던 모습만 있을 뿐 그분을 잘 알지 못했기에 솔직히 그분의 죽음이 아주 크게 다가오지는 않았다.

그러나 해마다 여름이면 그 인견 바지를 꺼내 입으며 '주머니가 왼쪽으로 가게'를 생각하며 돌아가신 아주머니를 자연스럽게 떠올리게 된다.

아주머니가 주신 바지는 오랫동안 입다 보니 허리가 너무 헐렁

해져 고무줄을 한번 갈아 주었다. 지금은 대학생이 된 작은 아이가 유치원 다니던 때부터 입고 다녔으니 정말 오래되긴 오래되었다. 그래도 천은 짱짱해서 지금도 아주 시원하게 잘 입고 있다.

4. 바지 한 벌에 담긴 그리움

2년 전 시아버지 팔순을 맞아 친한 친구분들을 모시고 식사를 했다. 초대하고 싶은 분들은 많았는데 너무 많은 분을 모시면 판이 커질 것 같아 우리 남편 어려서부터 쭉 함께했던 아줌마 아저씨들만 모셨다. 일명 '효천회' 회원들이다.

'효천회'가 무슨 뜻인지 남편에게 물어보았으나 남편도 모른단다. 그냥 어려서부터 그렇게 불렀다고만 했다. 시아버지께서 언젠가 한 번 말씀해 주셨던 것 같긴 한데 신경 써서 듣지 않으니 알 수가 없다.

우리 시부모님.
경주 이모와 윤 사장님 부부.
인호 이모랑 인호 아빠 부부.
그리고 점 선생님.
(우리 시댁에서 부르는 호칭 그대로 적었다.)

이분들이 '효천회' 회원들이다.

맨 마지막에 있는 점 선생님이라는 분이 바로 그 돌아가신 쎄레나 아주머니의 남편이다.

점 선생님은 "성이 점 씨여서 점 선생님이냐?"라고 여쭸더니 그렇다고 했다. 우리나라에 몇 안 되는 희귀성이다.

오랜만에 자식들이 초대한 자리에 참석하신 어르신들은 옛날에 애들 키우던 생각에 젊은 시절로 돌아가 술도 한 잔씩 하시고 즐겁고 행복한 시간을 보냈다. 다들 이제는 늙으셔서 여기저기 아픈 데도 많고 건강이 좋지는 못하지만 그래도 마음만은 옛날 그때로 돌아가 웃고 떠들며 한바탕 신나는 시간을 보냈다.

우리 시어머니는 들릴 듯 말 듯한 소리로 "쎄레나만 빠졌네" 하셨다.

쎄레나 아줌마도 함께 계셨더라면 좋았을 텐데 점 선생님만 짝꿍 없이 혼자라서 마음이 한편이 아려왔다.

5. 신비한 기억의 바지

호스피스 완화 의료와 애도 상담 전문가로 알려진 '데이비드 케슬러'가 쓴 '의미 수업'이라는 책이 있다. 대학원에서 '애도와 상실' 과목을 들으며 과제로 내주신 독후감 제출을 위해 읽게 된 책이다.

갑작스러운 사고로 사랑하는 아들을 잃게 된 데이비드 케슬러는 그동안 그가 연구하고 가르쳐왔던 '슬픔의 5단계(부정, 분노, 협상, 우울, 수용)'만으로는 온전히 슬픔을 이겨내기 어렵다는 것을 깨닫는다. 그리고 여기에 '의미'를 더해 슬픔의 6단계를 정립한다. 이러한 경험을 계기로 쓴 책이 바로 '의미 수업'이라는 책이다.

진실한 마음으로 가슴 절절히 아들의 죽음을 슬퍼하며 써 내려간 책을 통해 깊은 공감은 물론 따뜻한 치유를 경험할 수 있었다. 마음에 와닿는 부분들이 많아서 읽는 내내 따스한 위로와 함께 깊은 울림을 받았고 내게는 아주 좋은 기억으로 남아있는 책이다.

그중 기억나는 한 대목이 있다.

데이비드는 아들과 함께 보험 상담을 받으러 보험설계사를 찾아간다. 지역 정보지 검색을 통해 만난 처음 보는 사람이었다. 보험설계사는 평상시 모습 그대로 그들을 대한다. 보험설계사에게 있어서 그날의 상담은 그저 평범한 업무 중 하나일 뿐이었고 데이비드 부자 역시 수많은 고객 중 일부에 불과했다.

보험을 계약하고 데이비드와 아들은 보험설계사에게 악수를 청하며 고맙다고 말한다. 그리고 그들은 상담실을 나오면서 든든한 보험 하나를 들었다는 생각에 흐뭇해한다.

보험설계사에게 있어서 그날은 아주 평범했던 날이었다. 그러나 그 평범했던 날은 데이비가 아들의 살아있는 모습을 보았던 마지막 시간이 된다.

데이비드는 그 보험설계사가 자신이 평생토록 소중하게 간직할 값진 기억을 남겨준 사람이기에 자신의 삶에서 영원히 의미 있는 존재로 남을 것이라고 말한다.

다음은 책의 일부분이다.

"당연히 탤리(보험설계사)는 그 상담이 내가 마지막으로 아들과 함께하는 시간이 되리라는 사실을 알지 못했다. 유난스럽게 그 순간을 중요한 순간으로 만들려고 노력하지 않았지만 그래도 탤리 덕분에 지극히 평범한 보험 상담 시간이 내겐 영원히 유의미한 순간으로 남게 되었다. 인생이란 늘 이런 식이다. 있는 그대로의 모습으로 살았을 뿐인데 자기도 모르는 사이에 누군가에게 영향을 끼치기도 하는 게 인생이다."

'있는 그대로의 모습으로 살았을 뿐인데 자기도 모르는 사이에 누군가에게 영향을 끼치기도 하는 게 인생'이라는 대목에서 쎄레나 아주머니가 생각났다.

아주머니는 아셨을까? 며느리에게 주라고 하며 나누어주신 풍성한 마음의 작은 베풂이 이토록 오래도록 해마다 내가 아주머니를 기억하는 작은 선물이 되리라는 것을.

나 또한 그때는 알지 못했다. 촌스럽고 스타일 구린 바지 하나가 이토록 오랜 시간을 나와 함께 하며 진정으로 내가 애장하는 여름 패션이 되리라는 것을! 그리고 바지를 입을 적마다 쎄레나 아주머니를 기억나게 하는 신비한 물건이 되리라는 것을!

아주머니가 남겨주신 바지와의 인연을 생각해 보며 나 또한 아주머니처럼 누군가에게 보이지 않는 바지 한 벌을 선물할 수 있기를 바란다. 나의 평범한 하루가 누군가에게 뜻밖의 따뜻한 기억으로 남을 수 있다면 얼마나 감사한 일일까?

의도하지 않았던 나의 행동과 마음들이 누군가의 기억 속에 오래도록 자리 잡게 될지도 모른다고 생각하니 왠지 더 잘 살아야 할 것 같다. 그저 평범한 하루하루지만 우리가 최선을 다해 오늘도 성실히 잘 살아가야 하는 이유일 것이다.

이번에, 이 글을 쓰는 계기로 그동안 한 번도 생각해 보지 못했던 돌아가신 아주머니의 영혼을 위해 기도를 드렸다. 아주 많이 늦었지만, 이제라도 아주머니에게 감사한 마음을 전하며 영원한 안식을 위해 기도해 드릴 수 있음에 감사하고 또 감사할 따름이다.

6. 기억의 향기와 그리움의 빛깔

누군가 이 세상을 떠난 후 그를 잊지 않고 오랫동안 기억해 주는 또 다른 누군가가 있다는 것은 참으로 행복한 일이다.

가수 조영남 씨는 자신이 부른 '모란 동백'이라는 노래를 자신의 장례식에서 조가(弔歌)로 불러달라고 했다고 한다.

'또 한 번 동백이 필 때까지 나를 잊지 말아요'
'또 한 번 동백이 필 때까지 나를 잊지 말아요'

구슬프게 들리는 후렴구가 마치 자신이 세상을 떠난 뒤에도 오랫동안 자신을 잊지 않고 기억해 주면 좋겠다는 소망을 표현한 것 같다.

나는 나의 묘비명을 '아카시아 향기가 불어오거든 나는 그대의 그리움이어라'라고 정해 두었다.

지나치게 강렬하지 않지만 은은하고 향긋한 꽃내음이 절로 기분이 좋아지고 미소가 지어지게 하는 아카시아 향기처럼 나도 누군가에게 그런 삶으로 기억되었으면 하는 바람이다.

얼마 전, 예전에 우리 남편이 모시던 직장 상사께서 우리 부부를 불러 주셔서 함께 저녁 식사를 했다. 작년 이맘때도 저녁을 사주셔서 감사히 잘 먹었는데 올해도 잊지 않고 불러주셨다.

작년 여름에 만났을 때 돌아가신 사모님 기일이어서 봉안당에 들러 혼자 울고 왔노라고 하셨다. 그런데 올해도 역시 기일을 맞아 사모님께 다녀왔다고 하셨다.

젊은 시절 남편의 직장 가족 모임에서 처음 뵌 사모님은 정말 우아하고 아름다우셨다. 한국무용을 전공하셨고, 대학에서 학생들을 가르치는 교수님이셨다. 사모님은 폐암에 걸리셔서 당시 고등학생과 중학생이던 아이들 둘을 남기고 일찍 세상을 떠나셨다. 부서장님 말씀으로 17년을 함께 살았고 돌아가신 지는 18년 되었다고 하셨다.

"우리 집사람이 생전에 참 예뻐했어"

나를 두고 하시는 말씀이다. 듣기 좋으라고 그냥 하시는 말씀인지 정말 그러셨는지 알 수 없으나 아마도 돌아가신 사모님이 지금도 많이 그리우셔서 옛날 생각을 하다 보니 우리 부부도 생각나신 것 같다.

부서장님과는 우리 남편 사회 초년 시절 직장 내 같은 사무실 부서장님으로 만나 인연이 시작되었으니 20년이 훌쩍 넘었다. 직장에서 퇴직하고 나가신 지 오래되셨건만 여전히 우리 부부를 아껴주시고 잊지 않고 챙겨주시니 감사할 따름이다.

7. 부서장님과 함께한 추억

큰 아이 5살 어린이날에 우리 집 앞에 분홍색 자전거가 배달되었다. 부서장님께서 사무실 예산을 아껴 부서 아이들 모두에게 어린이날 기념으로 각각 자전거 한 대씩을 선물로 사주셨다.

조그만 시골 동네에 삼O리 자전거 대리점이 한 곳 있었는데 대부분 자전거 가게가 그렇듯 한 사이즈의 자전거는 1대만 비치를 해 놓고 있었다. 우리 아이의 사이즈는 분홍색으로 비치해 두었는데 급히 사는 바람에 매장에 있는 자전거를 살 수밖에 없었다. 어린이날에 꼭 배달되어야 한다는 부서장님의 지시에 따라 그렇게 우리 아들은 보조 바퀴가 달린 분홍색 두발자전거를 선물로 받게 되었다.

가끔 가족 모두를 불러 회식을 하기도 했다. 한번은 아이들을 앞으로 한 명씩 나오게 해서 장래 희망을 말하게 하셨다. 큰 소리로 말하는 아이에겐 미리 준비한 신권 5만 원권 지폐를 한 장씩 나눠 주셨다. 그때는 5만 원권이 나온 지 얼마 안 되는 때라 5만 원은 아주 큰 돈이었다. 아이들은 돈 받을 욕심에 "선생님이요", "변호사요", "의사요" 모두 근사한 직업을 외치고 당당히 돈을 받아 갔다.

드디어 우리 작은아이 차례가 되었다.

"너는 앞으로 뭐가 되고 싶지?"
우리 아이는 꽤 근사한 자세를 하고 아주 큰 소리로 말했다.

"네, 저는 '쫄라맨'이 되고 싶습니다."

순간 모임 장소는 웃음바다가 되었다. 그 뒤로 우리 아이는 졸지에 쫄라맨이 되었다.

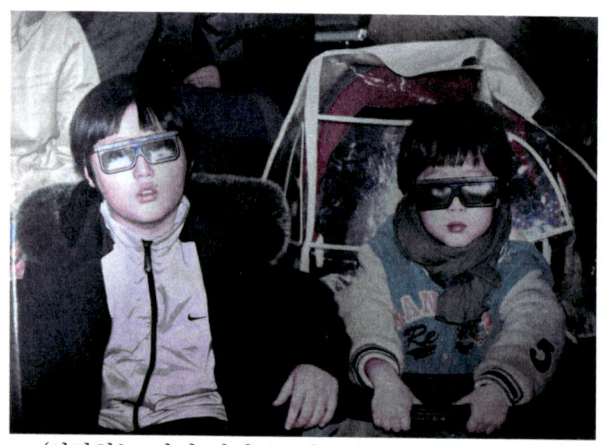

(사랑하는 나의 아이들, 왼쪽이 '쫄라맨, 2008년)

지금도 부서장님께서는 "우리 쫄라맨 잘 있지? 아~ 쫄라맨 보고 싶네." 하시며 웃으신다.

가끔 가족들을 불러 가족 모임을 하게 되면 그냥 밥만 사주시지는 않았다. 늘 가족들에게 선물을 미리 준비하셔서 나눠주셨다. 내게도 고급 실크 스카프도 주시고 준비된 선물이 없으면 현금을 주시기도 하셨다. 그때는 부서장 정도 되면 다 그런 줄 알았는데 나중에 다른 부서장님들을 겪어보니 다 그런 게 아니라는 것을 알게 되었다.

퇴직하시고 나서도 가끔 우리 남편을 불러 운동도 하고 식사도 하시는데 그때마다 과일 상자를 들려 보내시기도 하고 식사한 식당에서 음식을 주문해 포장해서 들려 보내시기도 한다.

생각해 보니 부서장님께는 죄다 받기만 했다. 항상 감사하다고 말씀은 드렸으나 아직도 철부지여서 그런지 뭐 하나 드린 게 없다.

언젠가 한 번 사모님 돌아가시고 나서 아이들 반찬 때문에 맨날 고민하신다는 소리를 듣고 소시지며 계란말이며 애들 좋아하는 반찬 몇 개 싸서 남편 손에 들려 보낸 적이 있었다. 일회용 그릇에 보내서 그냥 버리셨을 거로 생각하고 잊고 있었다. 시간이 한참 흐른 뒤 우리 남편도 장시간 해외 출장 가고 없었는데 나를 부르시어 나가보니 그때 보낸 빈 반찬통을 챙겨오셨다.

"우리 집사람이 하늘에서 다 보고 있을 거야."라고 하시며 돌아가셨다.

'큰 일을 하시는 분이 그깟 빈 통이 뭐라고 이리 또 챙겨오셨나?' 하며 오히려 내가 더 죄송했다. 그리고 한참을 울었던 것 같다.

어려서부터 막내로 자라서인지 늘 받기만 했지 뭘 챙기고 하는 걸 잘 못한다. 특히나 어른이나 나이 많으신 분들이 주는 것은 당연히 주는 것인 줄 알고 그리 크게 고마움을 느끼지도 못하고 표현도 답례도 잘 못한다. 이런 내 성격을 잘 알고 있으면서도 잘 고쳐지지 않는다.

생각해 보니 부서장님이 보여주신 사랑은 단순히 직장 상사가 부하 직원에게 준 선물을 넘어, 우리 가족에게는 따뜻한 기억과 행복한 추억을 갖게 해주신 아름답고 소중한 마음의 보물이 아니었나 싶다.

지금껏 살아온 시간과 앞으로 살아갈 모든 시간 속에 함께 할 소중한 기억들은 앞으로도 나의 삶을 더욱 풍요롭게 만들어 줄 거라 믿는다.

쎄레나 아주머니가 남겨주신 바지의 기억처럼, 부서장님이 보여주신 따뜻한 마음의 선물처럼, 나 또한 사람들에게 따뜻하고 향기로운 기억을 남기는 삶을 살아야겠다. 지나치게 강렬하지 않지만 은은하고 향긋한 아카시아 향기처럼 많은 이들에게 따뜻하고 아름다운 기억으로 남게 되길 바라본다.

8. 여름의 마지막 페이지

입추가 지났건만 더위가 식을 줄 모른 채 막바지 여름이 무덥다.

"맴맴맴맴매~~~앰"

창문 너머 들려오는 매미 소리가 올해도 얼마 남지 않은 여름을 붙잡기라도 하는 듯 우렁차기 그지없다.

매미는 오랜 시간, 종에 따라 짧게는 3~4년, 길게는 7~8년을 땅속 깊이 애벌레로 살다 성충이 되어 비로소 '매미'라는 이름을 얻는다.

그러나 여름 한철 1주일 정도만 살다 죽는다고 한다. 짧은 시간 동안 짝을 찾아 새로운 삶을 잉태하고 생을 마감해야 한다. 짝을 찾기 위해 매미는 울고 또 울고, 그리고, 또 운다. 자연의 섭리를 숙명으로 받아들이고 이해한 채, 최선을 다하는 처절한 그의 울부짖음이 안쓰럽다 못해 애달프다.

여름이 가면 매미도 자취를 감추고 우리는 언제 또 그랬냐는 듯 두꺼운 옷을 꺼내 입고 혹독한 겨울을 날 것이다. 그리고 다시 또 따뜻한 봄이 오길 기다릴 것이다.

이 여름, 매미가 전해준 소중한 여름날의 기억과 추억들을 가슴 깊이 새기며 최선을 다해 처절하게 울부짖는 매미처럼 나도 내게 허락된 시간을, 최선을 다해 열심히 살아가야겠다고 다짐하며 이글을 마무리한다.

13장

그때, 그 분들

한애경 지음

한애경

❑ 소개
1. 한국기술교육대학교 명예교수(〈삶과 죽음〉 강의)
2. 한낙원과학소설상 운영위원
3. 대한웰다잉협회 웰다잉전문강사, 웰다잉그림책 지도사
4. 대한웰다잉협회 서울지부 송파지회장
5. 사전연명의료의향서 상담사
6. 호스피스 자원봉사(중앙보훈병원)

❑ 수상 실적
1. 2021.5.15. 부총리 겸 교육부 장관상 포상 (학술진흥 부문)
2. 2022.5.15. 학술 부문의 업적(저역서 46권, 논문 50여 편)으로 대통령 근조 훈장 포장

❑ 저서
46권의 저서 중 우수도서로 선정된 책의 목록 (5권:학술도서, 2권: 역서).
1) 영미문학연구회 편 (한애경 외 공저). 『영미문학의 길잡이』

(문화관광부 우수학술도서). 2001.8.
2) 한애경 외(공저). 『영미 명작, 좋은 번역을 찾아서』(문화관광부 우수학술도서).
  서울: 창작과 비평사, 2005.5.
3) 한애경(저서). 『19세기 영국소설과 영화』(문화관광부 우수학술도서).
  서울: I.L.E.(국학자료원), 2009(19?).1.
4) 한애경(저서). 『플로스강의 물방앗간 다시 읽기』(대한민국 학술원 우수도서.
  서울: 동인, 2011.7.
5) 김영무/한애경 외 편(공저).『공감적 상상력에서 생명의 시학으로』
  (대한민국 학술원우수도서). 서울: 서울대 출판문화원. 2011. 11.
6) 한애경 외(공역). 『베트남 단편소설선』(2011년 청소년 우수도서). 2011.2.
7) 한애경 외(공역). 『여성의 몸, 어떻게 읽을 것인가?』
  (2003년 대한민국 학술원 (우수학술도서). 한울, 2001.4.

❏ 대표 저서
1. 죠지 엘리어트와 여성문제(1998)
2. 19세기 영국소설과 여성 작가(2008)
3. 19세기 영국소설과 영화(2009)
4. 플로스강의 물방앗간(영미소설 해설총서 8. 신아사)(2010)
5. 플로스강의 물방앗간 다시 읽기(2011)
6. 영문학자의 우당탕 프랑스 여행 – 나의 퍼스널 브랜딩을 찾아서-
  (유페이퍼, 2025)

❏ 웰다잉 저서
1. 영화로 죽음 읽기(2019)
2. 영화로 보는 품위 있는 마무리(2022)

❏ **대표 역서**

1. 플로스강의 물방앗간 1 & 2 (민음사, 2007)
2. 미들마치(편역, 지만지, 2009)
3. 위대한 개츠비(열린책들, 2011)
4. 사일러스 마너(지만지, 2012)
5. 멈추지 말아야 할 이유(국제제자훈련원, 2013)
6. 프랑켄슈타인(을유문화사, 2013)
7. 이상한 나라의 앨리스(창비사, 2015)
8. 각성(열린책들, 2019)

그 때, 그 분들

✦ ✦ ✦ ✦ ✦

1. 낯선 도시에서 만난 뜻밖의 귀인

오늘은 내 인생에 있어 고마운 분들에 대해 이야기해 보려 한다. 지금으로부터 약 33년 전(1992) 일이다. 나는 둘째를 임신 중이었고, 남편은 주중에 대전에서 근무하느라 주말부부로 생활하고 있었다.

여교수가 매우 드물던 시절 교수로 취직한 뒤 한 임신이었기에, 학교 눈치를 보며 조심스러울 수밖에 없었다. 당시 육아휴직은 두 달뿐이라 최대한 출산일 가까이 휴가를 내야 두 달을 채워 쉴 수 있었다. 출퇴근 중 배가 운전대에 닿아서 이제 더 이상 휴직을 미룰 수 없기에 그날 마무리한 논문을 학회에 제출한 후 휴직계를 냈다. 출산이 늦어지면 두 달의 출산 휴가가 줄어드는 상황이라 초조한 마음에 퇴근 후 일부러 아파트 10층 계단을 오르내렸다.

그날 새벽, 양수가 터졌다. 집에는 초등학교 1학년인 큰딸과 단둘이 있었고, 우리가 살던 신축 아파트는 큰길에서 떨어져 있어 택시를 부르기 어려웠다. 난처한 상황이라 장성한 20대 아들과 함께 사는, 같은 교회에 출석하는 11층 집사님에게 도움을 청했다. 천안으로 새로 이사한 우리 부부는 교회에서 아직 어정쩡한 위치에 있었다. 하지만 나의 부탁에 아들은 바로 큰길로 나가 잡아 온 택시를 타고 혼자 병원으로 갔다. 또한 집사님은 큰딸 아침을 챙겨 학교에 보내주었다. 이 집사님 모자 덕분에 나는 둘째를 무사히 출산하고 약 두 달 산후조리를 마칠 수 있었다. 남편은 둘째를 출산한 뒤 대전에서 점심 무렵 병원에 도착했다.

(딸을 학교에 보내주는 고마운 이웃, 챗GPT)

그 교회는 우리가 옮긴 지 얼마 안 되는 천안의 감리교회였다. 교수와 연구원이 대부분인 연구단지 교회에 다니던 우리는 천안과 새로운 교회, 그리고 감리교회가 다 낯선 상태였다. 게다가 우리 속원(교회 용어:구역)들도 의사 부인과 일일 노동자 등 다양했다. 그런데 낯설고 서먹한 상태였던 우리에게 집사님 모자는 말 그대로 '귀인'이나 '천사'와 같은 존재였다. 그때 느낀 감사한 마음은 지금까지도 깊이 남아 있다.

11층 집사님 모자와 친하지 않았던 의사 부인 선배 모두, 낯선 환경과 서먹한 관계 속에서도 따뜻함과 배려를 아끼지 않으셨다. 이런 고마운 분들의 도움으로 나는 낯선 도시에서의 출산과 육아라는 인생의 큰 고비를 무사히 넘길 수 있었다. 그래서 지금도 그분들을 하나님이 보내주신 '천사'로, '귀인'으로 마음속 깊이 감사하고 있다.

하지만 인생은 그분들에게 받은 만큼 되갚을 수는 없는 법! 그러니 나도 급히 간절히 내 도움이 필요한 분들을 영안으로 잘 알아보고 도와야 한다. 그것이 바로 이 고마운 분들의 도움을 되갚는 방법일 것이다.

2. 46년 친구, 하늘의 별이 되다!

대학교 1학년, 가나다 순으로 배정되어 가까이 앉았던 인문계열 같은 반 친구! 우리가 본격적으로 가까워진 계기는 3, 4학년 때 했던 작은 학회(그룹스터디) 덕분이었다. 사회학과 대학원에 진학하며 소모임을 만든 영문과 선배가 1기를 꾸리고 2기 후배들을 모집했다. 나는 영문도 모른 채 2기 회원으로 발탁되었고, 그 안에서 그 친구와 자연스레 친해졌다. 주로 사회학 서적을 읽고 토론하면서 서로의 성격과 마음을 알게 된 것이다. 그녀는 목소리가 예쁘고 키가 컸으며, 시를 좋아하는 심성 고운 사람이었다. 나는 작은 키에 소설을 좋아하는 등 다른 점이 많았지만, 우리는 문학을 매개로 금세 가까워졌다.

시간이 흐르며 우정은 더 깊어졌다. 진로를 고민하던 4학년 시절, 학교 앞 카페에서 구운 옥수수 알갱이를 뜯어먹으며 세상 근심 다 짊어진 듯 불확실한 장래에 대한 불안을 나누기도 했다. 지금 돌아보면 괜한 걱정이었지만, 그때는 미친 듯 심각하게 고민했다. 그룹 스터디에서 함께 떠난 치악산 여행, 영등포 여상에서 함께 한 교생 실습도 아직 생생하다.

대학원에 진학하면서 우리는 다른 길을 걸었다. 그녀는 영문과에서 국문과로, 나는 다른 학교인 서울대 영문과로 진학했다. 처음엔 멀어질까 봐 걱정했지만, 오히려 반대였다. 나는 수업이 없는 날이면 우리 집에서 먼 관악 캠퍼스 대신 모교에 가서 공부했고, 덕분에 그녀의 국문과 친구들과도 친해졌다. 어느새 우리의 베이스캠프는 서울대가 아니라 이대가 되었다. 석사 졸업 후 박사과정 입학까지 3년의 공백 기간에도, 나는 자주 모교에 갔기에 그녀를 가끔 볼 수 있었다.

결혼과 육아, 그리고 직장생활이 시작되면서 우리의 만남은 뜸해졌지만, 그래도 관계는 끊어지지 않았다. 내가 남편을 따라 대전 연구단지로 이사해 박사 논문을 쓰고 교수가 된 뒤에도, 기회가 닿는 대로 꼭 만났다. 서울에 올라와 갑자기 연락해도, 그녀는 언제나 시간 내어 만나 주었다. 이미 연세대 외국어학당 교수로 자리 잡은 그녀는 늘 바빴을 텐데도, 내 연락을 거절한 적이 거의 없었다. 우리는 만나면 동료 교수들과 후배 교수와의 관계, 보직 교수로서의 어려움, 집안일과 자녀 문제까지 서로의 고민을 함께 나누었다. 이처럼 우리들의 이야기는 끝이 없었다.

(친구와 함께 즐거운 시절, 챗GPT)

그녀는 언제나 나의 든든한 지원군이자 응원군이었다. 나는 지방에 사는 관계로 시간과 거리의 제약을 받는 형편이었기에 늘 뭔가 제안하는 쪽이었고, 그녀는 "가자, 하자, 먹자" 하며 언제나 기꺼이 응해주었다. 전시회, 뮤지컬, 영화, 여행까지 거부한 적이 거의 없었다. 내가 무슨 고민을 이야기하면 그녀는 먼저 공감해준 뒤 자기 의견을 덧붙였다. 그녀는 나를 똘망똘망하다고 믿어주었다.

반면 그녀는 지성과 감성을 두루 갖추었기에 내게 부족한 공감을 채워주는 존재였다. 그래서인지 우리는 서로 보완하며 오래도록 곁에 있을 수 있었던 것 같다. 친정어머니를 모시느라 힘들었던 내 이야기도, 그녀는 늘 따뜻하게 들어주었다. 그녀 역시 오랜 세월 치매로 병원에 누워 계신 친정어머니가 있었기 때문에 서로 잘 이해할 수 있었다.

나는 은퇴해서 그녀와 문화생활은 물론 여행도 하리라 기대했다. 그러나 야속하게도 그 약속은 지켜지지 못했다. 그녀는 61세로 나보다 먼저 은퇴했지만, 4년 뒤 내가 은퇴하던 해 넉 달 암 투병 끝에 세상을 떠나버렸기 때문이다. 나는 은퇴하면서 자유를 얻었으니 이제 더 많은 시간을 함께 보낼 수 있을 거라 생각했지만, 그녀는 너무 빨리 떠나버렸다. 뮤지컬과 그림 전시회 관람, 삼척의 대명콘도 여행 등 수많은 추억이 남아 있지만, 그녀가 떠난 뒤 나는 뮤지컬 한 편 따로 보러 간 적이 없다. 함께했기에 가능했던 시간이었음을 새삼 깨닫는다.

친구의 죽음은 직접 만날 수 없을 뿐 아니라, 관계의 상실 때문에 더욱 슬프다. 나도 과거에만 사로잡혀 있는 사람은 아니지만, 슬픔과 기쁨을 같이 나누고 깊이 대화할 사람이 사라졌다는 사실은 여전히 큰 슬픔이다. 그러나 이제는 조금씩 그녀를 떠나보내려 한다.

돌아보면, 그녀와의 인연은 내 삶의 중요한 시기에 가장 큰 힘이 되어 주었다. 가치관과 세계관이 형성되던 젊은 시절, 우리는 서로 고민을 나누며 성장했고, 장성한 뒤에는 삶의 무게를 나누며 의지

했다. 그리고 은퇴 후 함께할 미래를 꿈꾸었으니, 그런 꿈과 기대만으로도 내 인생은 한층 더 풍요로웠다. 비록 이젠 곁에 없지만, 내 마음속에서 그녀는 여전히 소중한 추억으로 살아 있다. 나는 46년간 좋은 시간, 즐거운 시간, 행복한 시간을 함께 보낸 이런 좋은 '베프'가 있었다는 사실에 감사하며, 앞으로도 그 추억을 힘으로 삼아 살아갈 것이다.

3. 흑기사가 되어 준 교수님

박사과정 시절, 내 인생에서 가장 힘난했던 시기 중 하나를 떠올리면 아직도 마음이 복잡해진다. 남편의 연수를 따라 미국에 가서 약 1년 반(1988.3-1989.7) 수업을 듣고 돌아온 후, 붙기 어려운 자격시험에 무난히 붙었다.

90년 3월, 드디어 박사 논문을 쓸 때가 되었다는 생각에 지도 교수님을 찾아뵈었는데, 전혀 예상치 못한 소식을 들었다. "캐나다로 연구년을 1년간 떠날 예정"이라고 하셨다. 당시 교수님들이 연구년을 가는 경우는 흔치 않았다. 특히 논문 지도가 가장 필요한 시점이었기에, 청천벽력처럼 당황스러웠다. 유구무언! 할 말이 없었다.

결국 일단 써서 제출해 보자는 지도 교수님의 제안에 따라 3월부터 논문을 쓰기 시작했다. 가사와 자녀 양육은 뒷전이었고, 친정 어머니께서는 만 5살짜리 손녀를 돌봐주려고 서울에서 대전까지 몇 번이나 오셔서 한 달씩 머물곤 했다. 그렇게 최선을 다해 5월에 논문을 제출했지만, 통과될 리가 없었다. 당연한 결과였지만, 몹시 자존심 상하고 속상했다. 내 형편이 아니라 외부 형편으로 서둘러 급히 써야 했기 때문이다.

그해 여름, 교수님은 캐나다로 1년간 연구년을 떠나셨고, 아후 그것도 모자라 1년을 더 연장하셨다. 그곳에서 가입한 문학 동호회에서 시를 쓰다가 시인으로 등단하신 것이다. 교수님께는 '최고의 황금기'였지만, 나에게는 지도 교수 없이 논문을 쓰고 심사받아야 하는 '고난의 행진'이었다.

당시에는 이메일도 없던 시절이라 논문 지도는 편도로만 거의 한 달이 걸리는 항공우편 대신 DHL로 보내야 했다. 내가 쓴 논문을 DHL로 보내면 교수님께서 바로 고쳐 보내도 각각 두 주씩 한 달이 걸렸다. 지도 교수님도 내 논문을 받아 빨리 고쳐 보내주며 최대한 신경을 써 주셨다. 정확히 기억나지는 않지만, 한 번에 5만 원 안팎의 거금이 들었다.

뭐든 한 달 먼저 서둘러야 했고 돈도 많이 드는, 시간과 비용이 많이 드는 이중고였다! 한 학기 만에 급히 쓴 논문을 고치는 작업은 타이레놀을 달고 살 정도의 편두통까지 생긴, 난제 중의 난제였다. "헌 집 고치느니 새 집 짓는 게 낫다"는 속담을 온몸으로 절감했다. (논문이 통과되자, 편두통은 씻은 듯이 바로 나았다는 웃픈(?) 이야기!) 게다가 유치원에 다니던 딸은 왜 그렇게 감기에 잘 걸리는지 자주 병원을 들락거려야 했다. 첩첩산중 그 모든 어려움이 겹치며, 1년간 정말 온 집안이 비상사태였다.

결국 91년, 부모 없는 고아(?)처럼 지도 교수님 없이 논문 심사를 받게 되었는데, 이때 큰 힘이 되어 주신 분이 박희진 교수님이다. 박 교수님은 서울대 사대 영어과 수석 졸업 후, 석사만 하고 서울대 교수가 되셨다. 이후 버지니아 울프 연구로 뒤늦게 미국에서 박사 학위를 받으셨다. 논문심사위원장이셨던 교수님은 누가 특별히 부탁하지 않았는데도 거의 지도 교수처럼 나의 방패막이가 되어 주셨다.

나중에 들은 이야기지만, 교수님은 한창 바쁜 시절 일부러 일요일에 연구실에 나와 내 논문을 꼼꼼히 읽고 '잘 쓴 논문이니 통과' 시키겠다고 결심하셨단다. 일찌감치 서울대에 취직한 초창기 여교수이자 자녀 키우며 박사학위를 받은 선경험자로서 박사과정 여학생들이 가능한 한 빨리 졸업해 취직하도록 도우려는 마음도 갖고 계셨다고 한다.

그 시절 졸업정원제 덕분에 남학생들은 석사학위만 있어도 쉽게 취직할 수 있었다. 하지만 여학생들은 박사학위를 따기도 어려웠고, 학위가 있어도 취직하기가 '하늘의 별 따기'였다.

(고마운 교수님을 생각하며, 챗GPT)

여학생이 교수로 취직하는 경우는 재단 측근이거나, 불의의 사고로 인한 남자 교수의 사망 때문에 즉시 강의를 계속해야 하는 특수한 상황이거나, 신설 대학에 취직하는 경우, 세 가지뿐이라는 이야기가 공공연히 회자되던 시절이었다.

이런 시절, 박 교수님의 도움은 내게 정말 큰 힘이 되었다. 지도교수님이 안 계셔서 고생했지만, 박 교수님 덕분에 너무 늦지 않게 졸업할 수 있었다.

세월이 꽤 흘러 박 교수님의 은퇴식에 참석했을 때, 당신 남편도 서울대 교수였지만 남초 사회였던 서울대에서 늘 고개 숙이고 걷느라 남자 교수님들의 구두와 바지만 봤다는 은퇴사를 듣고 마음이 짠했던 기억이 난다. 우리 이전 세대 여교수님들이 겪었던 어려움과 차별을 다시 한번 실감한 순간이었다.

나름 최선을 다했지만 외국에 계셨던 지도 교수님의 부재를 박 교수님께서 채워주신 덕분에 나는 인생의 다음 단계로 나아갈 수 있었다. 그래서 그분을 '평생 은인'으로 생각하며 결초보은해야겠다고 결심하고 나름 노력했지만, 충분히 잘했는지 모르겠다. (모르긴 뭘! 많이 부족했지!)

현재 80대인 박 교수님은 건강이 많이 안 좋으시다. 조만간 안부 전화 한번 드려야겠다. '무거운 삶, 가벼운 죽음'이라는 김훈 작가의 표현이 떠오른다. 녹록지 않은 삶이지만, 전혀 예상치 못한 곳에서 도움을 주는 분들이 계셔서 그래도 살만한 세상인 것 같다. 나 역시 이렇게 값없이 받은 사랑을 제자들에게 나누고자 나름 노력해 왔지만, 앞으로도 인생 선배로서 젊은이들에게 더욱 도움을 줘야겠다고 다시 한번 다짐해 본다.

4. 한 아이를 키우려면 온 마을이 도와야 한다: 따뜻한 돌보미

오늘의 나와 우리 가족이 있기까지 정말 많은 이들의 도움과 배려가 있었다. 앞서 소개한 몇 분 외에도 기억에 남는 고마운 분들이 많다. 특히 몇 분은 지금도 잊히지 않는다.

큰딸을 돌봐주셨던 분은 비록 배움은 짧지만 똑똑하고 지혜로운 분이셨다. 그분의 세심한 돌봄 덕분에 큰딸이 안정적으로 자랄 수 있었다. 둘째를 봐주신 분들 가운데 특히 기억에 남는 두 분이 있다. 첫 번째는 우리가 살던 아파트의 청소를 하던 분이었다. 당시 지방에는 아기 돌보미를 구할 수 있는 소개소가 별로 없었기에, 출산을 앞둔 나는 아는 분이 있으면 소개해 달라고 그분께 부탁을 드렸다. 그러자 그분은 몇 달 생각하시더니 자신이 하던 아파트 청소부를 그만두고 아기를 돌봐주겠다고 하셨다.

우리는 출산 후 대전으로 이사해야 하는 상황이라 선뜻 대답을 못 했다. 아직 아기 볼 사람을 못 구한 상태에서 안 된다고 할 수도 없고, 그렇다고 몇 달 쓰자고 안정적인 남의 일자리를 그만두게 할 수도 없었던 것이다. 하지만 그분의 결심은 워낙 확고했고, 솔직하게 우리 상황을 말씀드린 후에도 기꺼이 아기를 돌보겠다고 하셨다.

그분의 뚱뚱한 체구와 약간 심술궂은 인상 때문에 처음에는 외모만 보고 걱정했지만, 예상과 달리 아이를 정성껏 돌봐주셨다. 구정 명절에는 집에서 직접 빚은 만두를 잔뜩 가져와 우리 가족을 감동시키기도 했다. 친정어머니처럼 다정하게 아이를 돌봐주셨고, 나중에는 이사할 대전 집의 청소까지 깔끔하게 해주셨다. 물론 넉넉히 사례했지만, 그분의 마음과 정성을 생각하면 돈으로 다 표현할 수 없는 고마움이 남는다.

대전으로 이사한 이후에는 또 다른 권사님이 둘째를 맡아주셨다. 당시 나는 대전에서 천안으로 아침 일찍 카풀로 출근해야 했기에,

그리 좋은 조건은 아니었다. 이 권사님은 새벽기도를 마치자마자 바로 우리 집으로 오셔서 하루에 거의 12시간을 근무하셔야 했다. 그렇지만 한 번도 늦어서 발을 동동 굴러본 적이 없었다.

서해에서 김 농사를 짓던 분이라 그런지 체구는 작지만 부지런하고 손이 매우 빠르셨다. 둘째를 돌보는 동안 다양한 반찬을 만들어 우리 집 식탁은 항상 풍성했다. 손님을 초대할 때면 기본 반찬에 몇 가지를 더한 것뿐인데도 훌륭한 상차림이 되어 오신 손님들이 깜짝 놀라곤 했다. 한 번은 월급 드린 바로 다음 날, 둘째의 예쁜 구두를 사다 주는 세심한 배려심을 보여주셨다.

(따뜻한 돌보미. 챗GPT)

바쁜 우리가 둘째 신발을 못 사주고 있었는데, 그게 마음에 걸리셨던 모양이다. 이 권사님은 둘째가 어린이집에 갈 때까지 잘 돌봐주셔서 우리는 마음 놓고 출근할 수 있었다.

이외에도 두 딸을 잠깐씩 돌봐주신 분들이 많다. 연구단지에 살던 대학 선후배와 동창, 교인 등 우리 곁에는 늘 손 내밀어주신 분들이 있었다. 이런 성품이 고운 분들 덕분에 두 딸은 건강하고 반듯하게 자랄 수 있었고, 나와 남편 또한 직장생활을 마음 편히 해낼 수 있었다. 작은 일에 충성하며 성심껏 돕는 이런 '착하고 부지런한 종들' 덕분에 지금의 우리 가족이 있을 수 있었던 것이다.

이렇게 좋은 분들을 만나 도움을 받을 수 있었던 것은 정말 큰 행운이었다. 반드시 그런 건 아니지만 형편이 어려운 분들 가운데 더 착한 분이 많은 것 같다. 한 사람 한 사람의 작은 선행과 따뜻한 마음이 모여 지금의 행복을 만들었다는 사실을 깊이 새기며, 다시 한번 그분들께 진심으로 감사드린다.

그런데 인생이란 신세 진 분들에게 바로 은혜를 갚을 수 없기도 하다. 그러니 나 또한 기회 있는 대로 도움을 주어야 한다. 그러면 그분들은 도움이 필요한 다른 사람을 도울 것이다. 이런 동심원이 모여 우리 사회가 좀 더 살만한 세상이 된다면 그것만으로도 족할 것이다.

14장

그녀의 울타리 안은 참 따뜻했다

김신주 지음

김신주

❑ **소개**
1. 점촌노인복지센터(방문요양,주.야간보호)대표
2. 대한웰다잉협회 사전연명의료 상담사.
3. 대한웰다잉협회 엔딩플랜상담사

❑ **저서**
1. 울 엄마와의 소풍(유페이퍼, 2025)
2. 내 삶을 다시 쓰는 중입니다(공저, 봄날의책방, 2025)

❑ **연락처**
휴대폰: 010 6685 6610
이메일: sjkim3319@naver.com

그녀의 울타리 안은 참 따뜻했다

✦✦✦✦✦

1. 하얀 강아지

출근길에 하늘을 보니 한여름 뙤약볕이지만 청명한 하늘에 하얀 구름이 몽실몽실 떠 있다. 가을인 듯 하늘이 높다. 구름의 모양은 하얀 고양이였다가 염소였다가 강아지 같기도 하다.

하얀 강아지 구름을 보니 친구 생각이 나서 입꼬리가 저절로 올라간다. 사회복지사로의 삶을 살아가도록 길잡이 해준 친구이다.
큰아이가 초등학교 1학년 타 지역에 살던 우리는 남편의 이직으로 인하여 그 지역으로 이사를 했다. 이사를 하고 얼마 되지 않아

이웃을 잘 알지 못하는 시기였다. 저녁을 먹고 쓰레기를 버리러 나갔다가 들어가는데 2층 계단 중간쯤에 작고 하얀 강아지가 엎드려 있었다.

강아지는 까맣고 동그란 눈으로 꼬리를 흔들며 주인을 찾아 달라는 듯 나를 빤히 쳐다봤다.

힘든 시기를 보내고 있는 터라 내 마음에 여유가 없어서였을까? 손바닥만 한 강아지가 무서운 생각이 들었다. 그 강아지가 무서워 2층 계단을 지나갈 용기가 나지 않아 4층인 집으로 가지 못하고 밖으로 나와 안절부절 서성이고 있었다.

"어? 무슨 일 있으세요? 왜 집에 가지 않고 이러고 있어요?" 상냥한 말소리에 돌아보니 상가에서 빵집을 하는 예쁜 주인이었다.
난 모기만 한목소리로 "계단에 강아지가 있어서요!!!"라고 말을 하자 휙 들어갔다. "이 강아지예요? 이 작은 강아지가 뭐가 무서워요"라며 너무 귀엽다는 듯 품에 꼭 안고 잃어버린 주인이 얼마나 애가 탈까? 엄마 찾아 줄게!! 강아지를 안심시키고 나를 향해선 관리소에 맡겨서 주인 찾아보도록 할 테니 집에 들어가라며 바삐 발걸음을 옮겼다.

그날 이후로 멋지고 이쁜 그녀와 친구가 되었다.
그녀가 나에게 온 후로 힘들고 여유롭지 않던 나의 삶이 풍요로워졌다.

2. 남편의 가출

우리는 근처 아파트 단지에 분양을 받아 이사를 했다. 좋은 이웃들과 멀어지는 건 싫었지만 결혼 후 처음으로 장만한 집이어서 매우 설레고 이사하는 날이 기다려졌다.

남편은 술을 많이 마셨다. 가족을 귀히 여기지도 않았고 성실하지도 않아 크고 작은 문제를 끊임없이 일으켰다. 그러다 보니 한 직장을 일, 이년 다니기가 어려웠고 가족에게도 직장에서도 신뢰를 받지 못했다. 그런 성격의 사람이 직장을 그만두고 사업을 해보겠다고 했다.

결과는 불 보듯 뻔한 터라 말려보았지만 아무리 말려도 들으려 하지 않았다. 그 후 얼마 지나지 않아 하루 이틀씩 집에 들어오지 않는 날이 잦아지더니 어느 날부터 집에 들어오지 않았다.

면목이 없었던지 가출을 했다. 가출을 하고 일 년쯤 지난 어느 날 집에는 빨간딱지가 붙었고 생전 처음 겪어본 상황에 만감이 교차했다. 사업을 하겠다고 가족 몰래 집을 담보로 대출을 받았으나 소득이 없으니 이자를 갚지 못한 상황이었다

3. 나는 흔들리지 않아

그녀는 말없이 내 이야기를 들어주었고 충분히 공감해 주었고 함께 걱정해주었다. 어찌할 바를 몰랐던 내 마음은 그녀로 인해 안정되었고 한참 사춘기인 중1, 고1인 아이들 생각에 나는 흔들리지 않아야 했다. 내가 흔들리면 아이들이 불안해하기 때문이다.

이사를 해야 했으나 월급 받아 생활비 하느라 수중에 돈이 한 푼도 남아 있지 않았다. 막막했다. 다행히 친정아버지와 시어머님의 도움으로 20년이 넘은 열 평 남짓한 아주 작고 허름한 빌라로 이사를 했다. 큰아이가 다니던 학교 근방이라는 한 가지 장점은 있었다.

이사하는 날 비가 오면 잘 산다고 했던가 그날은 비가 많이 왔다. 비가 오니 내 마음은 더 처량했다. 난 그렇게 아이들을 껴안고 빛이 보이지 않는 깜깜하고 긴 터널에 갇혀버렸다.

이사하고 하룻밤 지나고 일어나니 아이들의 몸은 모기 밥이 되어있었다. 방충망에 구멍이 있었다는 걸 모르고 잔 거다. 여기저기 긁적거리고 벌겋게 부어오른 모기 물린 자국을 보니 방충망에 구멍이 날 수 있다는 걸 몰랐던 내 자신에게 화가 났다.

수도꼭지를 틀면 벌건 녹물이 쏟아지는 어두컴컴한 주방에 들어간다는 게 너무 힘들고 어려워 한참을 주방에 들어가지 않으려고 애를 썼다. 어느 날 큰아이가 "친구들이 놀러 와서 라면을 끓여 먹었는데 빨간 물이 나왔어."라며 해맑게 말했다.

나는 너무 마음이 아프고 아이에게 미안했던 마음은 지금 생각해도 코끝이 찡하다. 그때부터 내가 주방에 들어가지 않고 싶다고 해서 들어가지 않을 수 없다는 생각이 들었고 주방하고 친해지려 노력했다.

아이들도 충격이 컸는지 작은 아이가 시름시름 아팠다. 어지럼증에 구토가 난다고 했다. 증상이 있을 때마다 아이를 데리고 동네 중형 병원에 가서 몇 번을 검사했지만 별다른 이상 소견이 없다며 무슨 약인지도 모르는 약을 받아 집에 돌아오곤 했다. 그러다 화장실에서 쓰러졌다.

아이들 고모가 휴가를 내어 아이를 데리고 세브란스병원에 데리고 다니기 시작했다. 고모가 시간을 못 빼면 이모랑 이모부가 대신했다. 오랜 시간 병원에 다니며 검사한 결과 심리적 충격에 의한 신체화 증상이라고 했다. 가까운 신경정신과에 다니길 권유해서 수원에 있는 청소년 신경과에 다녔다. 학교를 자퇴하고 치료에 전념했다. 본인의 의지가 확고했고 가족들의 큰 사랑으로 아이는 차츰 회복하며 일상생활이 가능해졌다.

큰아이도 갑자기 바뀐 상황이 혼란스러웠겠지만 별 내색하지 않고 잘 지내는 듯했다. 그러나 밝고 씩씩하던 동생이 아픈 후 큰아이의 마음에도 변화가 왔다. 학교에 가면 닭장에 갇힌 듯 두근거리고 답답해서 학교 가서 수업받기가 힘들다고 했다.

학교는 안 다닐 수 없으니 야간자율학습을 빼기로 하고 고3 담임선생님과 상담을 했다. 중요한 시기이고 지금껏 열심히 했고 성적도 좋은데 조금만 참아보도록 아이를 설득해 달라고 하셨지만 난 아이를 설득하고 싶지가 않았다.

그때는 아이의 정신적 건강을 지켜주는 것이 좋은 대학(?)에 가는 거보다 중요하다고 생각했기 때문이다.

그 시기가 아이들도 나도 인생에서 제일 힘들었던 시기였다.

4. 암흑의 터널에 바늘귀만큼의 빛이 보인다.

그녀는 우리 큰아이 등록금에 보태라며 거금을 보내주었다. 그녀도 대학생과 고등학생을 키우는 학부모이고 선뜻 그 큰 금액을 보내주기에 넉넉지 않았을 텐데 친구 부부의 커다란 마음이 지금도 명치 끝에 숨어있다가 힘들거나 어려울 때면 어김없이 스멀스멀 올라와 힘이 되어 준다..

지방대학에 가면서 장학금을 받게 되어 등록금을 납부하지는 않았지만 외할아버지, 할머니 작은 아빠들 고모, 이모, 들의 도움으로 기숙사비와 식대를 입금하고도 많은 금액이 남아 있었다. 한마음으로 응원해 주고 바라봐주는 따뜻한 눈빛들이 있어 힘들었지만 마음만은 부자였고 그들의 응원으로 난 거뜬히 견딜 수 있었다

그녀에게 큰 힘을 주어 고마웠다며 보내준 돈을 돌려보내고 싶다고 하니 잘 가지고 있다가 다음 학기 등록금이 부족하거나 급히 쓸 일이 있으면 쓰라고 했다.

그녀는 처음부터 돈을 돌려받을 생각이 없었던 거였다.

5. 다른 직업으로

사회복지사로 직업을 바꾸게 되면서 제부의 도움으로 처음 가보는 도시 평택으로 이사를 했고 처음 가보는 송탄 서정동에 센터를 열었다. 센터를 준비하던 어느 날 꿈을 꾸었다. '넓은 8차선 고속도로에 노란 병아리 한 마리가 빠르게 지나가는 차들 사이를 어찌할 줄 몰라 요리조리 왔다 갔다 하는 꿈이었다' 세상에 혼자 내몰려진 듯한 매우 겁나고 불안했던 내 마음을 표현한 꿈이었다.

그렇게 소극적인 나와 다르게 그녀는 용감했다. 먼저 어디에 센터를 열고 싶은지를 의논했고 부동산에 가서 센터 계약부터 했다.

점촌노인복지센터라는 상호를 지을 때도 함께 했고 사회복지사라는 직업을 가지고 준비하는 모든 시간을 기꺼이 함께 해주었다. 운전면허만 따 놨던 상황이라 운전 연수도 해주었고 어느 날은 남편과 함께 센터에 들려 전기선들을 손봐주었다.

간판을 올리고 임시 명함을 만들어 병원 화장실 등에 꼽아도 보았고 종일 돌아다니며 여기저기 명함을 뿌려도 보았다. 처음 해보는 모든 것이 서툴고 겁이 났지만 그녀와 함께라서 맘껏 웃을 수 있었고 새로운 길도 두렵지 않았다.

친정아버지가 혈액암 판정을 받고 수혈을 받아오면서 부작용인지 몸에 가려움증이 몹시 심했다. 가려움증으로 낮에도 밤에도 잠들 수가 없도록 괴롭다고 하셨다. 그래서 엄마, 아버지를 집으로 모시고 왔다. 가려움증에 견디기 힘들어하실 땐 하루에도 몇 번씩 미지근한 물에 씻겨 드리고 보습제를 듬뿍 발라 드렸다.

그녀에게서 우리 집 주차장에 왔다며 잠시 내려올 수 있냐고 했다. 내려가 보니 남편과 함께 온 그녀는 들고 있던 커다란 보자기를 내 앞에 내밀었다.
"이거 뭐야?" 물으니
"아버지, 어머니 드시고 힘내시라고"라며 도축장에 미리 주문해 놓은 곰국 거리를 아침 일찍 가서 찾아왔다고 했다. 아버지를 막 씻겨 드리고 잠이 드셨던 터라 집에 들어가 인사도 못 드리고 그냥 보내야 했었다. 먼 길 일부러 찾아왔는데 내미는 보따리에 감동하고 놀라워하면서도 주차장에서 선 채로 돌려보낸 것이 지금도 마음에 걸린다. 그 마음 덕분인지 아버지는 시나브로 회복하셔서 집으로 돌아가셨다.

6. 가족이 된 친구

집에 가신 후 2년 정도 후에 아버지는 모여있는 가족들에게 마지막 인사도 전하시고 가족들의 감사 인사도 받으시고 편안히 가셨다. 그녀는 아버지 부고 소식에 오산에서 정읍까지 한걸음에 달려와 오랫동안 장례식장을 지켜주었었다. 특별난 말을 하지 않아도 난 그녀의 마음을 읽을 수 있다. 어렵고 힘들 때면 그녀는 늘 내 곁에서 힘이 되어 준다.

작은 아이가 결혼식을 했다. 아파서 침대에 누워 꼼짝 못 하던 때에는 '사람 노릇을 하고 살 수 있을까?'를 걱정했는데 아이가 아픔을 털어 내고 사회에 당당한 일원으로서 맡겨진 일에 최선을 다하며 결혼을 한다니 힘들었던 시간이 주마등처럼 지나간다.

잘 견뎌준 아이가 대견하고 고맙다.

축하객들 속에 그녀가 나타났다. 남편과 딸 둘, 사위 둘, 돌이 아직 안된 손주까지 온 가족이 모두 출동을 했다.

그들은 신부 대기실에서 같이 사진을 찍으며 든든하게 언니, 형부 역할도 해주었다.

그녀는 그 어려운 일을 나에게 감동을 주며 무심히 해낸다.
나에 좋은 일을 나보다 더 좋아해 주는 친구 그녀는 가족이다.

7. 삼총사

여러 친구 중에 마음에 맞는 또 다른 친구와 자주 어울려 밥도 먹고 술도 마시며 우린 삼총사가 되었다. 우리 삼총사는 서로 생일도 챙기고 기분전환 하자며 여행도 다니고 낚시도 했다.

만나면 늦게까지 논다며 술을 전혀 하지 못하는 그녀는 우리를 이해하지 못한다면서도 기사를 자처한다. 그만 마시고 집에 좀 가자며 가끔 타박도 하지만 우리를 집에까지 안전히 데려다준 뒤 집으로 가야 해서 만날 때마다 오밤중에 귀가한다. 그런 우리를 이해주는 그녀의 남편께도 너무 감사하다.

급기야 우리는 말띠 산악회를 결성해 나는 회장, 그녀는 총무, 그는 산악대장을 맡아 전 회원이 임원이 되어 즐겁고 행복한 시간을 함께했다. 나는 그들과 처음 해보는 많은 것들을 함께했다.
그런 그들로 인해 배려하고 아껴주는 삶을 배운다.

지금 나는 95세 치매 엄마와 함께 지내고 있다. 그런 나를 그들은 엄마께 집중하도록 배려해 준다. 잘 지내는지 엄마 건강은 어떠신지 가끔 안부만 물으며 지내고 있지만 늘 곁에 있는 듯 따뜻하다. 엄마를 모심에 소홀하지 않고 충실히 책임을 다한 후 시간이 여유로워져 다시 삼총사 합체할 수 있을 때 그때는 더 열심히 그들과 더 많은 걸 해 보고 싶다.

8. 에필로그

시절인연들을 만나며 누구도 소중하지 않은 인연은 없었다. 어느 시점의 인연은 야속하고 억울하고 많은 힘듦이 있었을지라도 지나고 보니 그 인연들로 인해 단단해진 지금의 내가 있다고 생각한다. 그리고 지금의 인연들이 앞으로의 나를 더 근사하게 빚어 줄 것이라 믿는다.

내가 어려움을 당해봐야 상대의 마음을 알 수 있다고 말하곤 한다. 어렵고 힘들었던 시절, 나를 보호해 주려는 마음과 손길이 모아져 울타리가 되고 보호막이 되었다. 그 포근하고 다뜻한 울타리 안에서 나는 나의 행복을 조금씩 찾아 나갔다

그간 나를 만들어준 인연들에 마음 가득 모아 감사드린다.

15장

삶의 빈 칸, 한 뼘씩 채워 주신 사랑

추재환 지음

추재환

❏ **소개**

1. 대한웰다잉협회 웰다잉 전문강사
2. 사전연명의료의향서 상담사
3. 원예심리 상담사
4. 사회적협동조합꽃피우다 사회복지사
5. 충청남도교육청 행복마을 마을교사
6. 한국놀이문화협회 전래놀이 대표 전문강사
7. 충남 미술협회 초대작가, 추사김정희휘호대회 초대작가

❏ **연락처**

휴대폰: 010 - 2524 - 4210
페이스북: https://www.facebook.com/share/1DB6CLye6y/
블로그: https://blog.naver.com/hero0410

삶의 빈 칸 한 뼘씩 채워 주신 사랑

✦✦✦✦✦

1. 내 삶의 가장 따뜻한 등불

20년 전, 어머니는 72세의 나이로 심부전증으로 싸우다 결국 하늘로 가셨다. 수년간의 투병 생활 속에서 호흡곤란으로 입원과 퇴원을 반복하시며 힘든 시간을 보내셨지만, 그 마지막 순간까지도 당신의 자식들을 사랑으로 보듬으셨던 분이다.

돌아가시기 일주일 전 어머니를 모시고 영천에서 대구 파티마병원에 진료를 보러 갔다. 처방을 받아 오는 길에 서문시장으로 향했다. 어머니는 시장의 활기찬 분위기를 좋아하셨다.

평소 좋아하시던 묵밥 한 그릇 사드렸는데, 당신은 그 묵밥 한 그릇을 정말 맛있게 드셨다. 병마에 지쳐있던 당신의 얼굴에 잠시나마 웃음꽃이 피어나는 것을 보며, 나는 가슴 한편이 아릿하면서도 한없이 행복했다.

묵밥을 다 드시고 두류 공원을 거쳐 수성 저수지로 향했다. 차창 밖으로 스쳐 지나가는 풍경들을 조용히 바라보시면서 "아들 덕분에 맛있는 거 먹고 좋은 구경했다."라는 어머니 말씀에 가슴이 미어졌다. 더 좋은 곳도 많고 더 맛있는 음식도 많은데...

며칠 뒤, 어머니는 갑작스러운 호흡 불안으로 병원에 다시 입원하셨다. 돌아가실 때가 가까워졌음을 직감하셨을까?. 어머니는 마지막 힘을 다해 자식들의 얼굴을 하나하나 가슴에 새기셨다. 형제들이 떠난 후, 나는 간이침대에 누워 어머니의 곁을 지켰다. 어머니는 내게 "고생시켜 미안하다. 고맙다."고 힘겹게 말씀하셨다. 그 말씀과 함께 "이제 좀 자렴." 하셨고, 나는 그만 깜빡 잠이 들고 말았다.

잠든 내 모습을 보시며, 어머니는 조용히 이 세상을 떠나셨다. 내가 잠든 사이에. 그렇게 홀로 마지막 길을 가신 것이다. 그 사실을 알았을 때, 가슴을 짓누르는 먹먹함과 함께 '왜 그때 잠들었을까?.' 하는 후회가 밀려왔다. 그 한 줌의 후회는 아직도 가슴 한편에 먹먹한 아픔으로 남아있다.

어머니는 마지막 순간까지도 자식이 당신으로 인해 고생하는 것을 원치 않으셨기에, 그렇게 나를 재워두고 떠나신 것이었음을 이제야 안다. 당신의 마지막 배려와 사랑을 생각하면, 먹먹한 슬픔은 애틋한 그리움으로 사랑으로 바뀌어 내 가슴에 새겨진다.

　어머니가 돌아가시고 수년이 흐른 뒤, 사무치는 그리움을 안고 당신의 산소를 찾아갔다. 그러고는 어린 시절을 보냈던 시골집으로 향했다. 집의 흔적은 이미 사라져 버렸지만, 허름한 단칸방에 여섯 식구가 옹기종기 모여 살았던 그곳에 서니, 잊어버린 줄 알았던 옛 추억들이 마치 어제 일처럼 생생하게 떠올랐다.

　나는 그 자리에서 눈을 감았다. 낡은 문을 열면 '다녀왔니?' 하고 환한 미소로 맞아주시던 어머니의 모습이 아른거렸다. 흙길을 따라 학교를 오가던 발걸음, 해가 저물도록 밭에서 일하시던 어머니의 손, 시장에서 돌아오시던 어머니의 등 뒤에 숨어있던 봉지 속의 강냉이 뻥튀기까지. 모든 기억이 낡은 필름처럼 머릿속에서 되감기기 시작했다.

　그리운 시절의 흔적은 사라졌지만, 그 자리에 서 있으니 어머니의 온기가 느껴지는 듯했다. 잊고 지냈던 수많은 순간이 파도처럼 밀려와 내 마음을 적셨다. 집터는 사라졌어도, 어머니와의 추억은 내 마음속에 영원히 살아 숨 쉬고 있다.

　농사지을 논 하나 없이, 비탈진 밭에서 호미 하나로 종일 밭일하면서 호박잎, 고추, 파, 깻잎 따다가 골목 시장에 내다 팔았다. 돈을 만들어 자식들 학용품을 사주고, 육성회비가 밀려 담임 선생님이 집으로 찾아오는 일이 없도록 어두워질 때까지 시장을 지키셨던 어머니.

　학교를 마치고 집에 오면, 늘 밭에서 엎드려 일하시던 어머니의 모습이 떠올라 호미를 들고 어머니가 계신 밭으로 달려갔다. 함께 밭일을 거들며 땀을 흘렸던 그 시간이 내게는 가장 행복한 순간들이었다.

　봄이면 푸릇푸릇한 보리싹 속에 자라난 잡풀을 호미로 매고 가꾸셨다. 낫으로 보리를 거두어 타작할 때 까끄라기가 온몸에 달라붙어도 아랑곳없이 일하셨다. 칠월의 뜨거운 땡볕 아래 콩밭을 함께 매면서 흘렸던 땀방울이 지금도 생생하다.

　어머니께서 시장에서 늦게 돌아오시는 날이면, 동생과 나는 집을 청소하고 밀가루 반죽해서 호박, 감자, 멸치 넣어 수제비를 만들어 놓곤 하였다. 라면 한 개에 한솥 가득 퉁퉁 불은 국수를 넣어 놓기도 하였다. 그래도 맛있게 드시며 고마워하셨고 칭찬과 격려를 아끼지 않았던 어머니.

중학교 3학년 때, 아버지 지인께서 나에게 군청 급사 자리를 권했을 때도 어머니는 고등학교는 마쳐야 한다며 극구 말리셨다. 덕분에 나는 학업을 이어갈 수 있었고, 지금의 내가 있다. 이런 분이셨기에 어머니는 내 삶에서 가장 따뜻한 등불이자 그리움이자 언제나 뒤에서 지켜주는 고향 산이다.

2. 붓끝에 피어난 사랑

단단한 먹을 갈아 고운 먹물을 만드는 시간 동안, 마음은 차분히 가라앉고 정신은 집중된다. 붓끝을 타고 번져 나가는 먹물은 단순한 색이 아니라 농담으로 표현되어 화선지 위에 생명을 불어넣는다. 살아 숨 쉬는 매력이 좋아서 붓을 잡기 시작했다.

어둑한 새벽, 고단한 야근을 마치고 잠 대신 화실을 찾아 붓을 잡던 때를 돌이켜보면, 신선한 감각으로 다가온다. 처음 운전학원 다닐 때 어깨는 잔뜩 움츠린 채 뻣뻣하게 전방을 주시하던 때처럼, 손에 힘이 들어가고 붓끝은 마음과 다르게 멋대로 춤을 추었다. 먹물은 진하거나 옅었고, 종이 위에는 의도하지 않은 번짐이 가득했다.

수묵화 전시회에서 보았던, 먹을 이용한 그림과 글씨는 마음 한쪽에 늘 자리하고 있었는데. 퇴근길 길가에 내걸린 현수막에 문인화 수강생 모집을 보고 태어나 처음으로 취미 생활을 시작하게 되었다. 국전 초대 작가 출신의 홍승례 선생님과 인연이 시작되었다.

 붓만 잡으면 흔들리는 손을 잡아주시며, 난초 선 하나로 화선지 백 장을 그리게 하시는 지도 방식은, 단순히 그림을 그리는 기술을 넘어 인내와 집중을 길러주는 혹독한 방법이었다. 그 속에 먹의 농담과 붓끝의 미세한 떨림에 따라 난초의 생명력이 달라진다는 것을 깨닫게 해 주셨고, 선 하나가 품고 있는 무한한 아름다움과 깊이를 깨닫게 해 주셨다.

 붓끝에서 번지는 먹 내음은 나의 지친 몸과 마음에 생기를 불어넣어 주었다. 퇴근 후 졸음을 쫓아가며 먹을 갈아 화선지를 물들였던 시간과 종이들. 낙숫물에 바위가 뚫리듯 천천히 나도 모르는 사이에 변화되는 작품을 보게 되었다.

 십 년의 시간 속에 국전 입상과 초대작가라는 영광스러운 타이틀을 얻게 되었지만, 친구에게조차 설익은 과일을 선물하는 것처럼 내 작품이 부족하게만 느껴지기도 한다.

 장애인 사회복지관의 발달장애인 대상 재능 나눔으로 삶의 또 다른 의미를 찾게 되었는데, 단순히 글씨를 쓰는 기술을 가르치는 것이 아니라, 붓을 통해 마음의 평화를 얻고 삶의 즐거움을 찾

도록 돕는 재능 나눔 봉사활동이었는데 내가 처음 배울 때처럼 발달장애인 역시 마음처럼 따라주지 않는 붓과 씨름하는 것을 보면서 '어떻게 하면 이들이 흥미를 잃지 않고 꾸준히 붓을 잡게 할 수 있을까?' 고민이 되었다.

눈높이에 맞춰 격려하고, 작은 성과에도 진심으로 칭찬해 주었다. 수업을 기다리며 나눠준 간식을 먹지 않고 나에게 건네주는 손길에 그 안에 담긴 순수한 마음을 읽을 수 있었다.

그렇게 일 년 정도의 시간 속에 장애우들은 조금씩 변화하기 시작하였다. 처음에는 불안정했던 붓끝이 점차 힘을 얻고, 서툴렀던 글씨에도 자기만의 개성이 담기기 시작하였다. 떨리는 손끝으로 완성한 작품들이 전시장 벽에 걸렸을 때, 그들의 수줍은 미소와 환한 자부심을 보았다. 그들의 모습은 그 어떤 유명 작가보다 더 아름답고 위대하게 보였다.

장애인 복지관에서의 재능 나눔 봉사에 이어, 사회적 농촌 마을 공동체 서비스 활동을 하게 되었다. 돌봄 어르신들을 대상으로 서예 강습 프로그램을 열었다. 외로움과 무력감을 느끼기 쉬운 어르신들에게 서예는 생활의 활력소가 되었다. 먹을 갈고 붓을 드는 행위 자체가 어르신들의 인지 능력과 소근육 운동에 도움을 드린 것 같아 나름 뿌듯하였다.

특히 기억에 남는 한 어르신은 평생 펜으로만 글씨를 쓰시다가 처음 붓을 잡아보았다고 했다. 처음에는 "내가 뭘 할 수 있겠어?."라며 망설였지만, 붓을 잡고 한 자 한 자 써 내려가시면서 점차 얼굴에 생기가 돌기 시작했다. 정성스레 쓴 글씨를 보며 환하게 웃던 어르신의 모습은 아직도 내 마음속에 선명하게 남아 있다.

나에게 붓 한 자루는 단순히 글씨와 그림을 그리는 도구가 아니다. 사람과 사람을 잇고, 마음을 나누는 소통의 매개체가 된다. 사람의 향기는 천 리를 가지만 먹의 향기는 만 리를 간다는 것을 깨닫게 되면서, 나름 좋은 취미를 가졌다는 자부심이 들었다.

3. 한개마을에서 배움의 향기를 머금다.

가야 문화가 숨 쉬고 가야산의 정기 어린 돌담 아래 학문의 꽃을 피워낸 마을 성주 한개마을로 문학기행을 갔다. 문학 동아리에 뜻이 있어 "문학 속으로 기행"이라는 카페에 가입하고 일 년이 지나도록 회사 일에 매달려 밤낮 휴일도 없이 일했다. 그러다가 만사 제쳐두고 누가 부르듯 구미에서 자동차로 30분 거리를 달려갔다.

마을 뒤쪽으로 영취산이 어머니의 품처럼 넉넉히 감싸고, 마을 앞으로 백천이 흐른다. 마을 안쪽에 구불구불 이어지는 돌담길은 오랜 세월을 견뎌온 돌 하나하나가 저마다의 이야기를 품고 있었다. 고택 마루에 앉아 스치는 바람을 맞으며 처마 끝을 바라볼 때 600년 역사의 성산 이씨 집성촌 한개마을의 기운이 온몸으로 느껴졌다.

문화유산해설사와 함께 응와종택에 들렀다. 특이하게 사당이 안채와 사랑채 사이에 자리하였는데, 산 사람과 죽은 사람의 거리를 두지 않고, 늘 가까이서 조상을 섬기려 했다는 해설사의 이야기에 귀 기울였다. 역사 속으로의 기행이 가슴을 울렸고, 문학기행을 통해 만난 성주 한개마을은 눈에 보이는 풍경을 넘어, 가슴으로 느껴지는 깊은 떨림으로 다가왔다.

한개마을에 이어 인근에 있는 세종 태실과 가야 고분을 마지막으로 기행을 마쳤다. 시간 여행 속의 소감을 나누는 시간에 카페지기로 활동하며 칠곡에서 공무원으로 살아가는 김○섭이라는 친구의 "세상의 모든 재물은 타인의 탐욕을 부른다. 하지만 배움으로 얻은 지식은 나눌수록 커지고, 그 누구도 빼앗을 수 없는 가장 안전하고 영원한 재산이다. 그리하여 자신만이 온전히 소유할 수 있는 고귀한 재산이다."라는 이야기에 뒤통수를 맞은 듯한 신선한 충격을 받았다.

공업고등학교 3학년 때 진학에 뜻이 있었다. 아버지는 시청 환경미화원으로 일하셨다. 새벽 공기가 차갑게 잠들어 있을 때, 여섯 식구의 삶을 책임지고 계셨던 아버지는 묵직한 손수레를 끌고 나가셨다. 쓸쓸한 가로등 불빛 아래에서 쓰레기를 치우던 아버지의 뒷모습을 보면서, 대학 가겠다는 생각을 접을 수밖에 없었다. 취직해서 조금이라도 부모님을 도와야겠다는 생각에 '삼성코닝'에 들어가 회사와 집밖에 모르며 정신없이 앞만 보고 살았는데. 지난날의 배움에 대한 꿈을 까마득히 잊고 살았는데, 그때 접한 "문학 속으로 기행"이 당시 나에게는 단순한 여행이 아니었다. 문학의 숨결을 따라 걷다 보니 잊고 있던 나 자신과 세상을 다시 배우고 싶은 꿈들이 되살아났고 친구의 권유로 인해 세로운 세상을 만나게 되었다.

4. 짧은 만남 긴 인연

"인생은 나의 울음에서 시작해 타인의 울음으로 끝나는 여정". 푸른 잎도 언젠가는 낙엽이 되고, 아름다운 꽃도 결국 시들듯, 이 세상에 영원한 것은 없다는 진리를 깨닫고 "웰다잉"을 준비하기 시작했다.

노년에 '헛살았다.'는 뒤늦은 고백을 내 삶의 마지막 페이지에 남기고 싶지 않았다. 지난날의 삶이 어떠했든, 남은 인생 2막만큼은 의미 있고 가치 있게 살았다는 말을 스스로 들려주고 싶었다. 33년간의 직장 생활을 뒤로하고, 퇴직 전에 준비한 사회복지학 졸업과 동시에 새로운 세상으로 첫발을 내디뎠다. 배움과 나눔을 통해 더불어 사는 삶을 실천하겠다는 다짐과 함께, 나의 웰다잉 여정은 최영숙 협회장으로부터 시작되었다.

협회장님의 '신중년 일자리'를 추천받아 사전연명의료 상담사로 온주종합사회복지관의 돌봄 대상자를 만나면서부터 새로운 인생이 시작되었고 삶과 죽음, 아름다운 노년의 삶, 나는 어디에서 왔고 어디로 갈 것이며 어떻게 살아야겠다는 나침판을 찾게 되면서 새로운 눈으로 세상을 보게 되었다.

복지관에서 세분의 상담 및 돌봄 대상자로 지정해 주었는데 그 속에는 모두가 혼자 생활하는 남자로 50대의 탈북자인 알코올 중독자, 50대의 당뇨 말기 환자, 70대의 고령 어르신이었는데 10개월 동안 방문상담 및 돌봄 활동을 하면서 웰다잉의 진정한 의미와 생명에 대한 생명에 대한 존엄성을 알려 주고 떠나가신 두 분이 머릿속에 지워지지 않는다.

설익산 대청봉에 함께 가고 싶다고 했던 '투빈님'. 54세, '정빈'보다 두 배는 더 잘생겼다고 내가 붙여준 이름 '투빈님'은, 그의 훤칠한 외모와는 달리 삶의 깊은 고뇌를 짊어진 듯 무기력한 표정을 짓고 있었다. 시력은 희미해졌고, 괴사한 발가락에서는 진물이 흐르는 당뇨 말기 환자였는데 10년 전 아내와 이혼하고 외동딸과도 연락이 끊긴 채, 그는 세상과 단절된 삶을 살고 있었다.

병원에서 치료해도 회복이 안 될 것을 알고 병원 생활을 거부하며 집에서 혼자 인슐린 주사를 놓는 그의 모습은 '안타까움' 그 자체였다. 나는 그를 위해 할 수 있는 것이 무엇일까 고민했다. 작은 새끼 고양이를 선물하고, 화선지와 먹을 주면서 서예를 권했지만, 삶의 의미를 잃은 채 삶의 쉼표를 찍고 바람이 멎은 항구에 앉아 있는 것 같았다.

그저 그의 이야기를 묵묵히 들어주는 것만이 내가 할 수 있는 유일한 위로였다. "물이 있는 호수로 가고 싶다."라는 그의 말에 아산 신정호와 예당 저수지로 향했다. 그곳에서 그는 지난 삶의 회한을 쏟아냈고, 그의 눈가에 맺힌 눈물을 보며 나는 삶의 무게를 함께 느낄 수 있었다.

코로나로 인해 면회가 금지되었던 시기, 투빈님은 홀로 이 세상을 떠났다. 마지막 인사조차 나누지 못한 채 보내드려야 했던 고요한 이별. 투빈님은 육체적으로는 나약했지만, 삶의 끝자락에서 인간의 존엄성이 무엇인지 내게 가르쳐 준 큰 스승이었다.

'강철이 형님'이라 불렀던 일흔 넷의 어르신. 젊은 날 보안대에서 근무한 경력을 평생의 자랑으로 삼던 분이셨다. 자주 찾아뵙겠다는 약속을 끝내 지키지 못한 채 복지관 담당자를 통해, 세상을 떠나 공영 장례를 치렀다는 소식을 들었다. 그 순간 익숙했던 이름 하나가 먼지가 되는 순간이었다.

강철이 형님은 오랫동안 누구에게도 마음을 열지 않았다고 했다. 티끌 하나만 있어도 참지 못하는 깔끔한 성격에, 불의를 참지 못하는 완벽함이 가족과 형제들을 떠나게 했다고 한다. 가족도 자식도 연락할 형제도 없다고. 감정을 다스리지 못해 하루에도 몇 번씩 기분이 바뀌었고, 베란다의 화분을 내던질 만큼 이성을 잃어 사람들은 그를 피했다. 나는 상담 업무를 하면서 "저분이 왜 그럴까?"를 곰곰이 생각했다. 그럴 수밖에 없는 그를 마음으로 받아들이려고 노력하며 기다리는 수밖에 없었다.

밭에서 기른 채소, 반찬이랑 과일 등을 갖다 드리며 말벗 동무로 돌봐 드렸는데, 두 달이 지나서야 강철이 형님은 나를 아들 삼고 싶다며 마음속에 넣어두었던 깊은 이야기를 들려주었다.

서랍 속 차용증을 꺼내 보여 주면서 친구 형제 놈들이 아쉬울 때 찾아와 돈 빌려 가고는 연락도 없고 코빼기도 안 보인다며 배신당한 심정을 털어놓았다. 그 넋두리 속에는 평생 쌓아놓은 분노와 외로움이 고스란히 담겨 있었다.

돌아가시기 석 달 전, 강철 형님은 두툼한 봉투 두 개를 내밀었다. 그 속에는 5만 원권 다발이 들어 있었다. "내 전 재산 육천만 원이야. 믿을 사람 같고 해서 맡기고 싶어. 보관해 두었다가 내가 죽거든 장례라도 치러 달라."라고 했다. 나는 순간 얼어붙고 말았다. 그런 큰돈의 현금도 처음 보았고 내 무엇을 믿고 저럴까 하는 부담감, 그리고 상담사로 나를 믿어 주신다는 고마움 등 만감이 교차한 순간이었다.

잠시 생각을 정리하고 진심 어린 마음으로 정중히 거절했다. 은행에 안전하게 보관했다가 살아 있는 동안 의미 있게 잘 사용하라고. 유언장 작성 방법을 알려 드리면서, 미리 자필 유언장을 작성해서 공익 재단을 통하여 기부하는 방법도 있다고 말씀드렸다. 돌아오는 차 안에서 많은 생각이 들었다.

그분이 마지막까지 움켜쥐려 했던 것은 무엇이었을까. 그분과 만남을 통해 깨달았다. 떠날 때는 돈도 명예도 소용없다는 것을. 진정한 가치는 살아 있는 동안 사람들과 마음을 나누고, 가진 것을 값지게 쓰는 삶에 있다는 것을. 그분의 마지막 모습은 내게 삶의 의미를 일깨워 준 소중한 가르침으로 남았다.

아름다운 삶을 통하여 아름다운 마무리가 될 수 있다는 사실도 알려주고 떠났다. 나와 함께 했던 짧은 인연, 하늘나라에서 외롭지 않고 행복하시길.

5. 장진주 (將進酒)에 빠지게 한 교수님

마흔여섯의 나이에 나는 삶의 새로운 문을 열었다. 한국방송통신대학교 중어중문학과에 입학한 것이다. 직장 생활과 학업을 함께 하는 쉽지 않은 도전이었지만, 나의 생을 살아 숨 쉬게 하는 소중한 디딤돌이었다.

입학 후 첫 여름, 구미 금오산 자락 연수원에서 수련회가 있었다. 그곳에서 내 인생의 방향을 바꿔준 소중한 인연을 만났다. 연수원 앞쪽에는 호수가 내려다보이고, 뒤편에는 금오산의 웅장한 기세가 펼쳐졌다. 연수원에서 EBS 방송 '세계 테마기행' 프로그램을 보게 되었다. 거기에 중국 한시 기행으로 널리 알려진 김성곤 교수님의 특강을 접하게 된 것이다.

교수님의 시원시원한 목소리와 재치 넘치는 정담이 어우러져 지식은 물론 지혜의 깊이까지 더하는 특별한 만남이었다. 특강의 주제는 '중국 한시 기행'으로 시선이라고 불리는 이백 시인의 대표적인 시로, '산중문답', '정야사', 그리고 '장진주' 등에 대하여 강의하면서 시를 음송해 주셨는데, 가슴 한 가득 감동으로 한시의 깊은 매력에 빠져들고 말았다.

'장진주'(將進酒) - 이 백

그대 보지 못했는가,
황하의 물이 하늘에서 내려와
바다로 향해 거침없이 흘러가 다시 돌아오지 않는 것을?

그대 보지 못했는가,
높은 누각의 밝은 거울에 비친 슬픈 백발,
아침에는 검은 머리였건만 저녁에는 눈처럼 희어졌네.

인생의 즐거움은 마땅히 다해야 할 것이니,
금 술잔을 비게 놔두지 말라.
나에게 주어진 재능은 반드시 쓸모가 있으니,
온갖 재산 다 흩어져도 다시 돌아올 것이라. (중략)

늦은 나이에 시작한 공부에 대한 막연한 불안감과 망설임이 이 구절을 통해 눈 녹듯 사라졌다. '나 자신을 믿고 꾸준히 나아가자.'라는 굳은 다짐을 하게 해 준 값진 가르침이었다.

수련회는 또 다른 귀한 볼거리를 주었다. 선배가 연수원 복도에 전시한 서예와 문인화 작품들이 그것이다. 이것들은 나에게 깊은 울림을 주었다. 화폭에 담긴 다양한 글씨와 좋은 문장, 그리고 묵향 가득한 사군자(매, 난, 국, 죽) 그림들은, 배움을 통해 삶을 얼마나 풍요롭게 가꿀 수 있는지 깨닫게 해주었다. 이것은 지식을 쌓는 것을 넘어, 취미를 통해 삶에 깊이와 가치를 더하는 큰 본보기가 되었다.

구미에서 학업 중 천안으로 발령으로 이사를 오게 되었다. 천안 아산 지역 중어중문학과 학회장을 맡게 되면서, 늘 비대면으로 보았던 김성곤 교수님을 여러 차례 천안에 모시며 학우들과 강의를 듣는 호사를 누렸다. 교수님은 중국 문화, 한시, 서예, 중국 노래 등 다양한 재능을 보여 주셨는데, 학문의 깊이와 풍류를 느끼고 배울 수 있는 시간이었다.

잦은 야근과 많은 업무, 집안일 속에서 책을 펼치는 일조차 사치처럼 느껴질 만큼 바쁜 시기였다. 과제물 제출과 시험 준비에 쫓겨 살았지만, 중문학 공부는 단순한 학습을 넘어, 삶의 의미와 배움의 소중함을 여러 번 되새기는 시간이 되었다.

늦은 나이에 시작한 공부는 일 년에 한두 차례 중국 자유여행을 할 수 있는 용기와 힘을 주었다. 여행을 통해 다채로운 문화와 역사를 보고 배우는 재미를 알려주었고, 김성곤 교수와의 만남은 내 삶에 환한 등불이 되었다.

교수님이 자주 사용하셨던 건배사로 항상 머릿속에 두고 세기며 살고 있다.

有学,有梦,有情,总是青春。

"배움이 있고 꿈이 있고 열정이 있으면 항상 청춘이다".

16장

내 인생은 해피엔딩~

오일록 지음

오일록

❏ 소개
1. 호남신학대학교 사회복지상담학과 겸임교수
2. 초록나무심리상담센터 대표
3. ㈜한국미래인상담연구원 등기이사
4. 혜윰협동조합 이사
5. 전라남도교육청 조정위원

❏ 연락처
lok5238@hanmail.net

내 인생은 해피엔딩~

✦✦✦✦✦

1. 내 인생에 가장 소중한 유산을 남겨주신 나의 사랑하는 아버지

"안 되면 되게 하라" 이는 아버지의 철칙이었지요.

나의 인생을 살아오는 동안 감사하고 고마운 사람을 생각하니 많은 분들이 계시지만 저의 삶이 무너지지 않도록 소중한 유산을 남겨주신 아버지가 가장 먼저 생각이 납니다.

직업군인이었던 아버지는 어머니와 결혼하셔서 5녀 2남의 자녀를 두셨습니다. 워낙에 훈남으로 훤칠했던 장부의 모습 이신지라 따르는 여인들이 많아 어머니에게는 항상 가슴을 애태우셨던 나쁜 남편이었습니다.

하지만 일곱 명의 자녀 중에 맏이였던 저에게는 특별한 사랑을 주셨던 그리운 아버지입니다. 아버지가 직업군인인지라 어린 시절은 강원도 철원에서 보냈습니다. 도시 같으면 경험하지 못했을 시골의 정서를 흠뻑 경험할 수 있는 동화 같은 어린 시절이었습니다.

봄이면 진달래꽃 꺾으러 동네 친구들과 어울려 산을 돌아다녔고 여름이면 개울가에서 멱을 감고 가을이면 남의 논을 휘저으며 메뚜기를 잡았으며 겨울이면 커다란 탱크가 꽝꽝 얼어붙은 도로를 울퉁불퉁하게 지나간 자리를 친구들과 함께 추운 줄도 모르고 돌아다녔습니다.

소풍 때면 동네 아주머니들이 모두 저의 집으로 오셔서 학교 선생님들이 드실 점심을 준비하고 아버지는 군인 지프차에 잔치 음식 같은 선생님들의 점심 식사를 싣고 소풍 장소에 나타나셨습니다.

가끔씩 수업을 참관하신다고 학교에 오셔서 선생님들을 당황하게 하시곤 하셨습니다. 겨울이면 학교에 땔감으로 군인 트럭으로 몇 트럭씩 통나무를 보내시곤 하셨지요. 그 시절에는 땔감이 모자라 학생들에게 연료비를 받을 때였습니다.

운동회가 열리면 그 크신 몸짓으로 오셔서 같이 이어달리기를 해주시고 구령대 위로 올라가 상장들을 주시기도 하셨지요. 지프차에 올라 아버지를 따라다니면 지나가던 군인 아저씨들이 "백골" 하고 경례를 붙일 때면 얼마나 아버지가 자랑스러웠는지 모릅니다.

항상 저의 자존감을 한껏 올려주신 나의 사랑하는 아버지!!!!
우리 딸이 최고라고 세워주셨던 나의 그리운 아버지!!!
그 아버지의 유산이 저에게 큰 힘이 되어 죽고 싶을 만큼 힘들었던 인생의 구간구간들을 버티어 낼 수 있었습니다.

"내가 누군데!"
"내가 누군데!"

이렇게 마음속으로 외치고 되뇌며 이겨 내고 여기까지 올 수 있었습니다.

지금은 소천하셔서 만나 뵐 수는 없지만 여전히 아버지의 사랑과 은혜가 태산 보다 더 큽니다.

어느 날 남편이 그러더군요.
"나는 당신에게 부러운 게 있어"
"뭐가 부러운데?"
했더니 "당신 부모님이 당신을 최고로 알아주고 인정해 주는 거"라고 하더군요

그러고 봤더니 우리 남편은 부모님이 일찍 돌아가셔서 그런 경험이 없었습니다

얼마나 마음이 허하고 외로웠을까요
마음이 얼마나 아팠는지 모릅니다.
그런 마음이 있었는지 그날 알았습니다.
항상 부정적인 말만 하는 남편이 항상 속상하고 미웠었는데 가여운 마음과 미안한 마음이 들었습니다.

아버지의 소중한 유산은 저를 성장시켰고 자녀를 키우는데도 많은 도움이 되었습니다. 자녀에게 아버지가 저에게 하셨던 것처럼 키울 수 있었습니다. 부모와 많은 추억을 만들어 주었고 그래서 아이에게 풍성한 마음과 사랑을 심어주었습니다. 덕분에 자존감이 높은 아이로 아름답게 성장했습니다. 누군가와 다툼이 있을 때 먼저 손 내밀어 사과하는 청년으로 상대방의 마음을 알아주고 배려하는 아이로 성장했습니다.

자녀는 부모의 거울이지요.

물질적인 재산을 남겨주시지는 않았지만 평생토록 누구에게도 뺏기거나 손실이 없는 소중한 유산을 남겨주신 우리 아버지!

보고 싶습니다.

지금도 중절모를 쓰시고 멋진 신사복을 입으신 분을 보면 더욱 아버지가 그립습니다

보고 싶고 감사하고 그립습니다.

2. 나의 존경하고 고마운 또 하나의 사람

나는 첫 번째 남편과 이혼을 하였습니다.

내가 하던 사업이 화재로 인해 부도가 나자 이혼을 당했습니다.

10년 동안 교제했던 남편이 부도가 나자 시어머니가 아들을 설득시켜 이혼을 시키더군요.

저는 부정수표단속법인 경제사범으로 도망자의 신세가 되어 다른 도시에 숨어 살면서 이혼을 당했습니다.

당시 돌쟁이 큰아들을 친정에 맡기고 돈을 벌기 위해 친구의 신분증으로 취업을 하며 돈을 벌었습니다.

그 상황에서 가출신고를 하고 그것을 증거로 협의 이혼이 되어 있었습니다. 친정에서 키우던 아들도 잠깐 보러 온 것처럼 해서 훔쳐 가다시피 데려가 버렸구요.

너무 어이가 없었지만 슬퍼하지는 않았습니다. 어머니의 말에 아내를 버린 남자였으니까요. 그런 사람을 남편이라 생각하지 않고 죽어라 일만 했습니다. 아들을 찾기 위해서 돈을 벌어야 했으니까요.

그러던 어느날 전 남편이 재혼을 했다는 소식이 들렸습니다.
한 번도 전 남편이 다른 여자와 산다는 것을 생각해 본 적이 없었는데 이런 소식을 들으니 기분이 좀 이상했습니다.

죽어라 10년을 따라다녀서 결혼을 했는데 어머니 주장에 이혼을 결정하고 또다시 재혼을 하는 전 남편의 모습에서 어이없는 배신감이 들었습니다.

그동안 여러 가지 고생 끝에 부도났었던 수표를 회수하고 나니 온몸과 마음에 허탈감이 들었고 이제야 자유롭게 되었다는 마음이 들었을 때, 지금의 남편의 구애를 받고 재혼하게 되어 늦은 나이에 아들을 출산했습니다. 출산하던 날 감사하기도 하였지만 각각 다른 사람의 아이를 낳은 것에 또 많은 슬픔이 밀려왔었습니다.

나쁜 놈!
좀 기다리고 함께 했더라면 얼마나 좋았을까~
이런 생각에 지나온 세월과 그 사람에게 받은 상처가 쓰나미처럼 저를 덮쳐왔습니다. 인간의, 남녀 간의 사랑과 결혼이 너무 하잘 것없는 것처럼 느껴졌지요. 가끔씩 저의 친한 친구에게 전화를 걸어 자신의 소식을 전하곤 하는 그 사람의 마음은 무엇인지 궁금했습니다.

헌신짝처럼 버리고 재혼한 사람이 무슨 미련이 남았다고 자신의 소식을 제 지인들에게 전하는지 모르겠더군요.

그나마 다행인 것은 재혼한 부인이 아들 하나를 데리고 결혼했는데 우리 아들에게도 매우 잘해준다는 소식이 들려왔습니다. 너무나 감사하고 고마워서 수 없이 큰절이라도 하고 싶은 마음이었습니다. 다행히 좋은 사람을 만나서 내 아들을 잘 키워주고 있다는 말을 들으니 너무 감사하고 고마웠습니다.

항상 기도했습니다. 이 아들을 키우는 것이 이 여인에게 기쁨이 되고 행복이 되게 해달라고. 그때 아들의 나이가 일곱 살이었습니다.

직접 키우지는 않았지만 당시에 아이의 할머니가 키우고 있었고 바로 한 아파트에 있는 바로 앞 집에서 살았다고 하더군요.
그러던 어느 날 아이의 할머니 즉 전 시어머니가 암으로 돌아가셨다는 소식을 전해 들었습니다.

아무리 잘 해준다고는 하나 친할머니가 계신 것과 돌아가셔서 새엄마와 함께 하는 삶은 어린 아들한테 얼마나 얼마나 힘들었을까, 당장 데려오고 싶었습니다. 하지만 저도 재혼한 상황이라 이러지도 저러지도 못할 일이었습니다.

그렇게 시간은 흘러가고 아이를 보낸 지 15년이 되었습니다.
어느 날 바로 밑에 동생한테 전화가 왔습니다. 망설이다 겨우 말을 했습니다. 전 남편한테 언니를 한 번 만났으면 좋겠다고, 중국으로 들어가서 살지도 모르니 한번은 만나봐야 되지 않겠냐고.

순간 망설였지만 전 남편의 전화를 받고 만나보기로 하였습니다.
내 아들의 소식을 들어야 했으니까요. 헤어진 지 15년 만에 그 사람을 만났습니다. 여전히 사람 좋은 웃음을 하고 감격해 하더군요. 항상 사람 좋은 웃음, 성실한 얼굴, 착하게 보이는 모습으로. 그런 얼굴로 아내를 버리고 새 삶을 사는 그 모습이 참으로 아이러니했습니다.

저는 그날 사람의 기억이 얼마나 허망한 것인지 그 사람을 보고 알았습니다. 자신들을 위한 소설을 쓰고 그게 사실인 양 살아가고 있었습니다. 나중에 그 사람의 재혼 상대인 내 아들의 새엄마를 통해 알게 된 사실이지만 정말 사람이 무서웠습니다. 제가 화류계 여자였는데 임신을 해서 억지로 결혼했었고 결국 제가 결혼해서 다른 남자와 바람이 나서 돈을 모두 빼돌리고 아이를 버리고 가출했다고 했다더군요. 자신들을 포장하기 위한 거짓말이라 해도 아이의 엄마를 그렇게 해도 되는 걸까요?

너무나 억울하고 분통이 터지는 일이었지만 하나님이 억울함을 풀어주셨습니다. 항상 친정어머니가 그런 말씀을 하셨지요. 사람의 억울함은 시간의 차이가 있을 뿐이지 언젠가는 그 억울함이 풀어진다고 하셨지요. 정말 그랬습니다.

전 남편이 그 후 중국으로 가고 나서 그 부인이 전화가 왔습니다. 우리 두 사람이 만난 걸 알고 오해를 해서 따지려고 전화를 했더군요. 그분도 전 남편과 이혼한 사유가 전 남편의 외도 때문이었다고 합니다. 그분 입장에서는 광주에 남편이 가는 것이 신경이 쓰여 추궁하다 우리가 만난 걸 알고 심하게 다툼이 있었나 봅니다.

전화받자마자 다그치듯이 따지며 소리를 질러대며 화를 냈습니다. 그런데 저는 전혀 화가 나지도 당황하지도 않았습니다. 언제나 이 사람을 만나면 무조건 감사하다는 절을 하고 싶었던 마음을 항상 가지고 있어서 당황스럽지 않았습니다. 잠시 흥분 가라앉히고 저의 이야기를 들어 달라고 하면서 그동안의 감사의 말을 전했습니다. 오히려 상대방이 저의 태도에 더 당황해하면서 이야기를 듣더군요. 서로 한 시간 가까이 통화를 하면서 서로의 마음이 통했던 것 같았습니다. 자신이 많이 오해한 것 같다고 사과를 했습니다.

그 후 우리는 가끔씩 전화로 안부를 물을 수 있는 사이로 발전했습니다. 참으로 감사한 일이었지요. 제가 아무리 그렇게 하고 싶어도 상대방이 받아주지 않으면 절대로 있을 수 없는 관계이지요.

제가 우리 작은 아들을 데리고 의정부까지 가서 서로 만남을 가졌고 친구 같은 관계로 이어졌습니다.

엄마임을 이야기하지 않은 체 새엄마의 친구로 우리 아들을 만났고 그렇게 몇 년을 오가며 지냈습니다. 새엄마의 친아들이 우리 아들보다 한 살 위였고 두 아이들도 사이가 아주 좋았습니다. 두 아이들에게 선물도 보내주고 용돈도 보내주면서 친엄마임을 감추고 지냈습니다. 피는 물보다 진하다고 했던가요? 작은 아들이 그 형을 그렇게 따르고 좋아했습니다.

그러던 어느 날 아들의 새엄마에게서 전화가 왔습니다. 아들이 군대 가게 됐는데 생모의 연락처를 적는 곳이 있다고 하면서 혹시 생모 연락처를 어왔다고 해서 알려줬는데 그 번호가 제 전화번호인지를 알게 되었습니다. 서로가 놀랐지만 하나님의 놀라운 계획을 알아차린 순간이었습니다.

처음부터 내가 친엄마로 나타났었다면 우리 아들은 나를 강하게 거부했을 겁니다. 시댁 식구들이 '친엄마는 화류계 여자이고 자식을 버리고 간 개차반'이라고 묘사를 했었으니까요.

제가 친엄마인 걸 아는 순간 첫마디가 "내 생모는 개차반이라며?" 이렇게 물어 오더랍니다. 그런데 "그런 사람이 아니었네" 이렇게 아들이 되물었답니다. "그래 맞아 우리 모두 할머니나 고모에게 속았어" 새엄마가 그렇게 말해줬답니다. 새엄마의 친구로 가장하고 5년간의 서로 교류하면서 좋은 권사님이 자기의 생모라고 했을 때 얼마나 다행이었을까요? 지금도 한 번씩 이렇게 한 번씩 말합니다. "엄마의 인생은 한편의 영화 같아" 슬프고 힘든 인생이었지만 해피엔딩입니다.

우리나라 문화에서 있을 수 없는 관계이지만 지금의 우리 관계는 자매 같은 관계가 되었습니다. 사람과의 관계는 상대성이라는 것이 증명된 순간입니다. 그러나 그분이 저의 마음을 알아주고 이해하는 마음이 없었다면 절대로 불가능한 일이었을 겁니다. 간절한 진심이 서로 통한 것이지요.

저의 모든 억울함을 하나님이 멋지게 풀어주셨습니다. 지금은 두 형제가 서로의 핏줄인 줄 알고 서로 위해주며 아주 잘 지내고 있습니다. 멋지고 은혜로우시며 사랑이 많으신 하나님의 따뜻한 역사입니다.

따뜻한 품을 내어주고 서로 사랑을 알아가게 해주신 000 권사님! 참으로 감사합니다. 당신은 내 인생을 해피엔딩으로 해주신 진정으로 고마운 벗이자 형제입니다.

3. 항상 무조건적인 내 편이 되어주신 나의 인생의 멘토인 박순덕 언니

지금까지 살아오는 동안 무조건적인 내 편이 되어 항상 지치고 힘들 때마다 힘이 되어주신 고마운 언니를 생각합니다.
지금도 천안에서 심리 상담 센터를 운영하며 같은 길을 걷고 있는 나의 반쪽 같은 언니를 내 옆에 세워주신 하나님을 찬양합니다.

고등학교 시절부터 이웃에 살면서 항상 같이 웃고 떠들고 비밀을 공유하며 살았던 언니는 결혼을 해서 경기도로, 다시 충청도로 성실하게 교사 생활을 해오다가 정년 전에 교육학 석사, 심리학 석사를 받아 지금은 천안에서 심리 상담을 하며 많은 사람들에게 좋은 영향력을 끼치고 있습니다.

인생의 굽이마다 정말로 어렵고 힘든 시절 누가 무슨 말로 나를 저격해도 한결같이 무조건적인 나의 편을 들어주며 "장하다", "애썼다" 위로해 주던 언니. 언니의 위로와 격려가 없었다면 아마도 너무나 힘들었을 겁니다.

지금도 내 인생의 멘토이자 슈퍼바이저입니다.
자신도 남편으로 인해 감당하지 못할 만큼의 고통을 겪으면서도 뚜벅뚜벅 자신의 앞길을 헤쳐 나갔던 언니의 모습에서 저 또한 용기를 얻었는지 모릅니다.

너무나 힘든 고통으로 인해 실어증까지 겪어가며 이겨 내신 언니의 삶에 존경을 표합니다.

그렇게 고통스럽고 죽고 싶을 때, 언니에게 장문의 손편지를 써서 위로를 받곤 했습니다. 누구에게도 털어놓고 이야기할 수 없을 때 언니에게 털어놓고 울고 나면 다시 위로를 받고 살았던 세월이 있었습니다. 지금은 같은 길을 가면서 서로 의논하고 피드백 받고 사는 세월이 그렇게 고맙고 따뜻할 수가 없습니다. 서로가 공부에 미친 사람들처럼 공부한 적도 있었고 지금도 여전히 칠십이 넘은 나이에도 여전히 공부하고 연구하는 언니를 항상 사랑하고 존경합니다.

지금도 만나면 날이 새도록 이야기를 하면서 울고 웃고 하지요. 수다 떨다 배고프면 양푼에다 남은 반찬 때려놓고 참기름 듬뿍 넣어 입이 터지도록 먹으면서 웃어대곤 합니다. 날을 새며 허물없이 수다를 떨 상대가 있다는 것은 아주 행복한 일입니다.
언니! 항상 건강하고 활기차게 제 옆에 있어 주세요.
　사랑합니다. 나의 언니 박순덕!

4. 나의 인생에 끝까지 채찍질하며 박사학위를 받게 하신 이미나 교수님!

나의 인생을 꽃피우게 해주신 우리 이미나 교수님! 제가 살아오는 동안 여기에 다 쓸 수 없을 만큼 많은 고마운 분들이 참 많았습니다. 그중에서 박사과정을 하는 동안 갖은 정성으로 논문 지도를 해 주신 우리 이미나 교수님! 동서고금을 통해 이렇게 열정으로 지도해 주신 분이 있었기에 빠른 시간에 논문을 완성하였고 박사학위를 받을 수 있었습니다.

박사과정을 시작하였지만 참으로 막막하였습니다.

그런 제자들을 밤 12시까지 개인 연구실에서 논문 지도를 해주신 덕분에 우리들은 목표를 완성할 수 있었습니다.

2년여 동안 퇴근하면 교수님 연구실에 두 명씩 짝을 지어 옆에 앉혀두고 논문을 써서 메일로 보내면 바로 즉시 수정할 수 있도록 보내주시고 너무 피곤해서 잠이 쏟아져 와도 마우스를 움직이며 논문을 써 내려갈 수 있었습니다.

계절이 바뀌어 꽃이 피어도 꽃이 피는지 모르고 갈 바람이 불고 단풍이 들어도 저희는 논문을 써 내려갔습니다. 너무 힘들어 응급실로 실려 간 적도 있었지만, 쓰러져도 여기서 쓰러지라는 교수님을 원망하면서도 그런 채찍질이 있었기에 함께 가며 끝을 맺을 수 있었습니다. "계모", "팥쥐 엄마"라고 부르면서 고통 속에서도 즐겁고 감사했습니다.

하얀 눈이 펄펄 내리고 몹시도 추웠던 날, 마지막 심사가 통과되고 동판을 맡기던 날 기쁨의 눈물을 펑펑 흘렸습니다. 감사했고 또 감사했습니다. 논문 지도 교수가 그렇게 같이 밤을 새우며 지도해 주신 지도 교수님들은 없었습니다. 모두들 논문 쓸 때 지도 교수와 척을 지는 사람들도 많습니다. 어쩔 수 없이 지도 교수의 지도를 받으면서 결별하는 사람들이 많이 있습니다. 그러나 우리는 모든 제자들을 어미닭이 계란을 품어 병아리를 까듯이 온정성으로 품어 주신 이미나 교수님 진심으로 오늘 이 시간 감사를 드립니다.

요즈음은 바빠서 자주 찾아뵙지는 못하지만 교수님의 노고를 한 번도 잊은 적이 없습니다. 항상 긍정적이고 안되는 게 없게 이끌어 주신 덕분에 지금 대학에서 학생들을 가르칠 수 있었답니다. 교수님! 감사하고 또 감사함을 잊지 않고 저 또한 교수님 같은 좋은 교수가 되려고 합니다. 저의 하이라이트를 교수님이 밝혀 주셨습니다.

5. 나의 사랑하는 아들 우리 승헌이와 양우!

나의 인생에서 가장 행복하게 해주는 우리 아들들.
우리 큰아들 승헌이는 항상 아픈 손가락입니다.
 돌쟁이 때부터 엄마를 모르고 살았던 내 아들 승헌이, 엄마를 이해해 주고, 있는 모습 그대로 받아준 가슴 아픈 내 아들!
생각만 해도 눈물이 나고 가슴이 아린 아들입니다.

사춘기 시절을 겪으면서 새엄마와 급격하게 사이가 나빠져서 많은 아픔을 겪는 걸 보면서도 위로해 줄 뿐 어느 것도 해줄 수 없는 나 자신이 너무너무 아프고 괴로웠습니다. 새엄마의 분노를 내가 다 받으며 어떻게 해줄 수 없을 때를 생각하면 지금도 가슴이 막힙니다.

 그러나 고마운 내 아들은 한 번도 이 엄마를 원망하지 않았습니다. 너무나 다행인 것은 같이 살지 않았어도 두 형제가 돈독한 우애를 가지고 있습니다. 작은 아이가 형한테 개기면 그대로 이쁘게 받아주는 너그러운 형이지요. 엄마를 원망할 법도 한데 한 번도 그런 적이 없는 고마운 아들입니다.

재능이 많아 예술대에서 보컬을 하며 싱어송라이터를 꿈꾸고 있는 멋진 아들입니다. 엄마의 고민을 들어주고 엄마의 마음을 알아주는 솜사탕처럼 달달한 멋진 아들입니다.

어느 날, 우리 둘째가 저에게 그러더군요 "엄마, 이제 형에게 죄책감 갖지 마, 엄마가 일부러 안 키운 게 아니잖아" "내가 엄마 대신 형한테 잘 할게" 나에게 우리 두 아들은 하나님의 선물입니다. 가슴 벅찬 두 아들이 있어 행복하고 감사합니다.

얼마 전 전 남편이 전화해서 자신의 잘못으로 이렇게 되었다며 사과를 해왔습니다. 당신의 잘못이 아니라 자신이 그때는 철이 없어서 가정을 지키지 못하고 당신한테 다 뒤집어 씌웠노라고 고백했을 때 그동안의 억울함과 서러움, 증오 이런 것들이 흘러 내려가는 것을 느꼈습니다.

그래서 저의 인생은 해피엔딩입니다.

에필로그

13년 전 80세 생신을 앞두고 아버지가 이런 말씀을 하셨다. "내가 너희 형제들 다섯을 낳아 기르며 지금껏 살아오면서 도움을 받았던 사람들이 있다. 이번 80번째 생일에는 그런 사람들에게 내가 식사를 한 끼 대접하고 싶다."

그 말씀에 따라 아버지에게 살아오면서 고마웠던 사람들의 명단을 작성해 주시라고 했더니 20명 가량을 적어주셨다. 돌아가신 분도 있고 해서 15명 정도 모셔서 점심식사 자리를 마련하고 그 고마운 마음을 표현할 기회를 드렸다. 지금 생각해보면 너무나 잘한 일이었다.

그래서 엔딩플랜 회의에서 "아버지의 감사 마음을 전한 한 끼의 점심식사" 이야기를 꺼내었고, 그런 고마운 사람들에 대한 이야기로 주제로 정하여 옴니버스 책을 만들어 보자고 하여 이 책을 기획하였다.

옴니버스 특성상 각각 주어진 원고 할당량이 있는데 작가님들께서 처음에는 할당된 페이지에 부담을 느끼셨다. 그런데 참여하신 작가님들의 원고량이 점점 늘어나기 시작했다. 거의 300페이지가 되었다. 그리고도 고마운 분들을 다 적지 못했다는 소감들을 나누셨다.

고마운 분들을 생각하면서 쓰다 보니 눈물이 났다고 했다. 나도 바람이 등떠밀어 자신이 된 줄 알았는데 그 바람에 힘을 실어준 이들이 있어 자신이 덜 힘들었다고도 했다. 나 역시 이 글을 쓰면서 우리 엄마가 살아계심에 너무 다행이다. 돌아가시고 난 뒤 후회할 일을 안 남길 기회가 있음에 감사했다.

힘든 세상이라지만 그래도 세상은 참 살만한 것 같다. 곳곳에 고마운 분들이 참으로 많았고 그 고마움을 기억하면서 나누는 이야기는 참 따뜻했다.

삶의 회고를 통해 우리의 자서전을 쓰는 동안 매주 고마운 사람들을 이야기했고 또 기억해 냈다. 그래서 우리는 "고마웠다"고 말할 수 있어 너무 행복하다.

함께 글을 써 주신 여러분께 진심으로 감사를 드린다.

'혼자 하면 꿈이지만 함께 하면 현실이 된다.'를 매번 경험한다.

　　　　　　　　대한웰다잉협회 엔딩플랜 사업부 기획 및 편집 문선화

▮작가들의 소감 한마디 ▮

1. 나순희

고마운 분들에 대한 생각으로 나의 마음과 소통할 수 있음이 행복이었고 함께 하는 분들과 소통함이 행복이고 감사였습니다.

〈세상에는 쉬운 일이 없다. 그러나 못 할 것도 없다〉

2. 양윤하

생각할수록 지금까지의 삶에 여러모로 개입해 주시고, 적재적소에서 항시 가장 좋은 만남의 축복으로 함께 해 주신 주님께 감사드립니다.

3. 김영선

내 삶은 홀로 선 길이 아니었습니다. 누군가는 나룻배가 되어 건너게 했고, 누군가는 사다리가 되어 올리며, 또 누군가는 바람이 되어 나를 밀어주었습니다. 그렇게 이어진 수많은 만남과 손길이 나를 '나' 되게 했습니다. 이 책은 그 고마움의 흔적이며, 삶이란 결국 함께 빚어내는 여정임을 고백하는 기록입니다.

4. 공요환

나를 나 되게 해 주신 많은 분들을 그동안 잊고 지냈다는 반성과 그 분들과의 추억이 정말 소중하다는 것을 느꼈습니다. 그리고 이렇게 글로나마 감사의 마음을 표현할 수 있다는 것에 마음이 풍성해지는 시간이었습니다.

5. 김은정
제 인생 순간순간에 사랑이 가득했다는 사실을 느끼는 시간이었습니다. 제가 받은 사랑들을 전해주면서 살고 싶습니다.

6. 최일선
글을 쓰면서, 평소에 사소함으로 여겼던 것들이 얼마나 소중하고 감사한지를 알게 되는 시간이었습니다.

7. 임갑수
지금껏 잘 살아온 나에게 너무 대견하다 얘기해 주고 싶습니다. 그리고 그 옆을 지켜준 아내에게 감사드립니다.

8. 문선화
이 글을 쓰기 시작하면서부터 4주간 매일 아침 고마운 사람들, 감사한 일들이 무엇일까를 생각하며 눈을 떴어요. 제 삶이 풍성함에 감사했습니다.

9. 이현정
고마운 분들과 함께하는 삶은 우리 내면을 맑고, 밝고, 따스하게 해주는 큰 자양분이 될 것입니다.

10. 전진영

응원이 제 글의 숨결이 되었습니다. 이 책은 혼자가 아닌, 함께 걸어온 길 위에서 완성될 수 있었습니다. 고맙습니다.

11. 최웅렬

나의 삶을 읽어보면서 숨어있는 보물을 찾았다. 고마운 사람, 사랑하는 사람이 나에게 얼마나 소중한 보물인지를 알게 한 시간이었습니다.

12. 이현정(의왕)

나는 나 혼자의 힘으로 땅을 딛고 서 있는 줄 알았다.
땅속 깊은 곳에서 많은 이들의 사랑과 관심이 나의 뿌리가 되어주었기에 비로소 설 수 있게 되었다는 것을 오늘에서야 알게 되었다.

13. 한애경

오늘의 저와 우리 가족이 있기까지 정말 고마운 분들이 많았음을 깨달았어요. 저도 앞으로 받은 사랑 더욱 나누며 살고 싶어요.

14. 김신주

바람이 등 떠밀어 지금의 자리에 올려 준 줄 알았습니다.
글을 쓰다 보니 그 바람은 나를 응원해 주고 사랑해 주는 입김이 모여 만들어진 바람이었던 거였습니다.
모든 인연에 사랑하고 감사드립니다.

15. 추재환

공기의 소중함을 모르고 살아왔는데 내가 숨쉬고 있듯이, 나의 모든 삶이 감사로 채워져 있음을 알았습니다. 이번 감사의 자서전을 통하여 내 모든 삶에 함께 해 준 사람들이 얼마나 소중한 사람인지 알게 해주었습니다.

16. 오일록

내 인생의 고마운 사람들을 다시금 상기하면서 험난한 인생이었지만 외롭고 힘들지만은 않았다는 것을 알게 되었고, 감사와 은혜가 넘치는 삶이어서 행복했습니다.

감사로 엮은 16편의 기록
보통 사람들의 특별한 이야기

발행일: 2025년 09월 10일 (1쇄)
지은이: 양윤하, 나순희, 김영선, 공요환, 김은정, 최일선, 임갑수, 문선화, 이현정, 전진영, 최웅열, 이현정, 한애경, 김신주, 추재환, 오일록

펴낸이_ 엔딩플랜 사업부 문선화
펴낸곳_ 봄날의 책방
디자인_ 봄날의 책방
표지디자인_ 봄날의 책방
인쇄처_ 메타씨앤티(주), 이노션커뮤니케이션
출판등록번호_ 제2025-000016호
주소_ 강원특별자치도 춘천시 남산면 서백길 707-2
ISBN_ 979-11-994570-0-3
정가_ 22,000원
이메일_ msh2980@naver.com
블로그: https://blog.naver.com/msh3964

이 책의 저작권은 저자와 출판사에 있습니다.
무단 전재와 복제를 금합니다.